FREDERICK HOYOS
JORGE GOMEZ
VELSSY HERNÁNDEZ

IMPLEMENTANDO SERVICIOS DE COMPUTACIÓN EN LA NUBE CON OPENSTACK

FREDERICK HOYOS
JORGE GOMEZ
VELSSY HERNÁNDEZ

IMPLEMENTANDO SERVICIOS DE COMPUTACIÓN EN LA NUBE CON OPENSTACK

Configuración e instalación de servicios con OpenStack

PUBLICIA

Cover image: www.ingimage.com

Publisher:
PUBLICIA
is a trademark of
Dodo Books Indian Ocean Ltd. and OmniScriptum S.R.L publishing group

120 High Road, East Finchley, London, N2 9ED, United Kingdom
Str. Armeneasca 28/1, office 1, Chisinau MD-2012, Republic of Moldova, Europe
Printed at: see last page
ISBN: 978-3-639-55981-1

IMPLEMENTANDO SERVICIOS DE COMPUTACIÓN EN LA NUBE CON OPENSTACK

FREDERICK HOYOS FRANCO
JORGE GÓMEZ GÓMEZ
VELSSY HERNÁNDEZ RIAÑO

IMPLEMENTANDO SERVICIOS DE COMPUTACIÓN EN LA NUBE CON OPENSTACK

Configuración e instalación de servicios con OpenStack

FREDERICK HOYOS FRANCO
JORGE GÓMEZ GÓMEZ
VELSSY HERNÁNDEZ RIAÑO

SOBRE LOS AUTORES:

FREDERICK HOYOS FRANCO
Es ingeniero de sistemas, egresado de la universidad de Córdoba. Programador Full stack. Conocimientos en SQL, MySQL, PostgreSQL, VSCode, Microsoft SQL Server – Intermedio. Lenguajes de Programación: Java (Básico), Matlab, Python (Intermedio) ReactJS (Basico).

Jorge Gómez Gómez
Ingeniero de Sistemas, Recibió grado de Magister en Ingeniería Telemática en Universidad del Cauca Colombia en 2010, PhD en Tecnologías de la Información y Comunicaciones en la Universidad de Granada España en 2018, Docente tiempo completo del programa Ingeniería de Sistemas Universidad de Córdoba, Miembro Rama IEEE. Líneas de investigación:
Computación Ubicua y Servicios avanzados en Telecomunicaciones. Investigador Titular grupo de investigación SOCRATES Universidad de Córdoba. Es miembro Senior de la Rama IEEE

Velssy Hernández Riaño:
Es Ingeniera de Sistemas y tiene una Maestría en Ingeniería Telemática de la Universidad Francisco José de Caldas, Colombia. Es Profesora e Investigadora del grupo de investigación SOCRATES del Departamento de Ingeniería de Sistemas de la Universidad de Córdoba.

INTRODUCCIÓN

Para empezar a abordar este libro es necesario empezar con la siguiente pregunta

¿Cuál es el papel de las redes definidas por software en la computación en la nube y sus desafíos en la implementación?

Las redes definidas por software (SDN) son un paradigma en redes que abstrae el plano de control de la red del hardware subyacente, permite a los administradores administrar dinámicamente los recursos de la red a través del software. En el contexto de la computación en la nube, SDN desempeña un papel crucial al permitir una gestión de red eficiente y flexible, lo cual es esencial para la escalabilidad, el rendimiento y la confiabilidad de los servicios en la nube. A continuación, analizaré el papel de SDN en la computación en la nube y los desafíos asociados con su implementación:

Respondiendo al interrogante

Papel de SDN en la computación en la nube:

- Virtualización de red: SDN permite la virtualización de red, permitiendo que múltiples redes virtuales se ejecuten en la misma infraestructura física. Esta capacidad es vital para entornos de nube multiinquilino, donde diferentes usuarios o inquilinos requieren entornos de red aislados por razones de seguridad y rendimiento.

- Asignación dinámica de recursos: SDN facilita la asignación dinámica de recursos al desacoplar el plano de control del plano de datos. Los proveedores de la nube pueden ajustar dinámicamente las configuraciones de red y asignar recursos en función de las demandas cambiantes, mejorando la utilización de los recursos y la eficiencia general.

- Aprovisionamiento automatizado: SDN simplifica las tareas de gestión de red mediante la automatización. Las plataformas en la nube pueden aprovisionar, configurar y gestionar automáticamente recursos de red en función de políticas predefinidas y requisitos de usuario, lo que reduce la sobrecarga operativa y permite una rápida implementación de servicios.

- Ingeniería de tráfico mejorada: SDN permite una ingeniería y optimización de tráfico detalladas. Los proveedores de la nube pueden enrutar el tráfico de manera inteligente, priorizar ciertos tipos de tráfico e implementar políticas de Calidad de Servicio (QoS) para garantizar un rendimiento óptimo para diferentes aplicaciones y servicios que se ejecutan en la nube.

- Programabilidad y personalización: la naturaleza programable de SDN permite a los proveedores de nube personalizar y adaptar el comportamiento de la red a requisitos de aplicaciones específicas. Esta programabilidad permite el desarrollo de soluciones de red innovadoras y la integración con otros servicios y aplicaciones en la nube.

Finalmente, respondiendo a la segunda parte de la pregunta

Desafíos en la implementación de SDN en Cloud Computing:

- Complejidad: La implementación de SDN en entornos de nube introduce complejidad, especialmente en escenarios híbridos y de múltiples nubes donde la interoperabilidad y la integración con la infraestructura existente son un desafío. Gestionar la transición de las redes tradicionales a SDN requiere una planificación y experiencia cuidadosas.

- Preocupaciones de seguridad: SDN introduce nuevos desafíos de seguridad, como la centralización del control y la posibilidad de ataques dirigidos al controlador SDN. Garantizar la seguridad de la infraestructura SDN, incluida la autenticación, la autorización y el cifrado, es fundamental para salvaguardar los recursos y los datos de la nube.

- Escalabilidad: la escalabilidad es una preocupación importante en las implementaciones de SDN, particularmente en entornos de nube a gran escala con miles de dispositivos de red y recursos virtualizados. Los controladores SDN deben escalarse de manera eficiente para manejar cargas de trabajo y tráfico de red cada vez mayores sin comprometer el rendimiento o la confiabilidad.

- Interoperabilidad: Lograr la interoperabilidad entre diferentes soluciones SDN y plataformas en la nube sigue siendo un desafío. Los estándares y protocolos para la interoperabilidad de SDN aún están evolucionando, lo que dificulta que las organizaciones adopten e integren SDN en su infraestructura existente sin problemas.

- Gestión de recursos: la gestión eficaz de los recursos es esencial para maximizar los beneficios de SDN en la computación en la nube. Los proveedores de nube necesitan herramientas sólidas de orquestación y administración para asignar y optimizar de manera eficiente los recursos de red en función de las demandas dinámicas de cargas de trabajo y al mismo tiempo garantizar el rendimiento, la confiabilidad y la rentabilidad.

- Dependencia de proveedores: existe el riesgo de dependencia de proveedores asociada con las soluciones SDN, donde las organizaciones se vuelven dependientes de proveedores específicos para su infraestructura y herramientas SDN. Evitar la dependencia de un proveedor requiere una cuidadosa selección de proveedores, el cumplimiento de estándares abiertos y estrategias para mitigar las dependencias de tecnologías propietarias

En términos generales, si bien SDN ofrece ventajas significativas para la computación en la nube, incluida la virtualización de redes, la asignación dinámica de recursos y el aprovisionamiento automatizado, su implementación presenta varios desafíos relacionados con la complejidad, la seguridad, la escalabilidad, la interoperabilidad, la gestión de recursos y la dependencia del proveedor. Abordar estos desafíos requiere una planificación cuidadosa, inversión en experiencia e infraestructura, cumplimiento de estándares e innovación continua en tecnologías y prácticas de SDN.

El propósito de este libro es orientar al lector sobre los aspectos relacionados con las redes definidas por software, destacando los elementos correspondientes a su arquitectura. Seguidamente se ofrece una descripción del funcionamiento de las máquinas virtuales, como entornos donde se desplegarán servicios de redes definidas por software. Finalmente se desarrolla una explicación detallada de la instalación de un servicio de computación en la nube llamado Openstack. Este servicio de computación en la nube, les permitirá a los lectores experimentar como es el proceso de configuración y despliegue, brindando una experiencia guiada que le permitirá poner en marcha un servicio avanzado.

Contenido

CAPÍTULO 1 9
1.2. Definición SDN. 10
CAPÍTULO 2. 13
2.1. Máquinas Virtuales 13
2.2. Fundamentación 14
2.3. Consolidación de la Máquina Virtual 15
2.4. Utilización de la Máquina Virtual. 17
CAPÍTULO 3 19
3.1. OPENSTACK 19
3.2. Características de OpenStack. 20
3.3. Despliegue de OpenStack. 21
3.4. Arquitectura modular de OpenStack. 22
CAPÍTULO 4. 25
4.1. GUÍA DE INSTALACIÓN. 25
4.1.1. Máquina Virtual (Virtual Box). 25
4.1.3. Preparación del ambiente. 31
4.1.4. Descargar Complementos Git. 34
4.2. Entorno OpenStack 39
4.2.1. Fundamentos para la creación de un proyecto OpenStack. 40
4.2.2. Configuración de Instancias 56
4.2.3. Configuración de Redes. 63
4.2.4. Configuración de Router. 66
4.2.5. Configuración de puertos. 68
4.2.6. Configuración de IP flotantes. 70

CAPÍTULO 1

FUNDAMENTACIÓNDUCCIÓN TEÓRICA.

1.1. Introducción SDN.

Las redes tradicionales, es la antigua forma convencional que se usaba para hacer conexiones de redes. Estas dependen de dispositivos de red específicos como enrutadores y conmutadores para realizar dichas tareas de red, con el fin de controlar el tráfico de estas mismas redes; con la modernización, el auge de las empresas tecnológicas y el escalamiento de estas empresas ha creado una preocupación respecto al tema de seguir usando este tipo de redes, debido a que el rendimiento no es el apropiado mientras crecen, esto se debe a que el mayor problema de estas redes es su difícil administración.

En estas redes, todos los dispositivos se controlan a sí mismo, por lo cual hacer cualquier tipo de cambio con el fin de actualizar, mejorar o arreglar, conlleva una gran inversión de tiempo, ya que se debe configurar manualmente cada uno de los dispositivos, esto hace que la complejidad y el error se aumente.

El paradigma de redes definidas por software (SDN, por sus siglas en inglés) ha emergido en los últimos años como una nueva arquitectura de red que permite gestionar de manera flexible redes de gran escala y alta complejidad. Como señalan Hu et al. (2014), "SDN es un enfoque novedoso para diseñar, construir y manejar redes que desacopla el plano de control y el plano de reenvío".

La idea central detrás de SDN es separar el plano de control de red (control plane) del plano de reenvío (data plane). Tal como explican Nadeau y Gray (2013), "La premisa de SDN es simple: desacoplar el plano de reenvío del plano de control de manera que el reenvío de paquetes (data plane) pueda ser gestionado de forma independiente desde un controlador SDN centralizado". Esta separación permite que "la inteligencia" de la red se concentre en el controlador SDN, el cual tiene una visión centralizada de toda la red. Los dispositivos de reenvío se vuelven más simples, centrándose sólo en remitir paquetes según las reglas impuestas por el controlador central.

Uno de los elementos clave que posibilita esta arquitectura es que "los dispositivos de la red son programables a través de interfaces bien definidas entre el plano de control y el plano de reenvío" (Feamster et al., 2014). Es decir, el controlador SDN puede programar el comportamiento de los switches y routers de la red de manera flexible.

Es por eso por lo que de esta manera SDN busca brindar a los administradores herramientas centralizadas para programar, virtualizar y supervisar en tiempo real, permitiendo la adaptabilidad de las redes. La promesa incluye acelerar la evolución de los data centers hacia una generación más avanzada con mayor escalabilidad, automatización y simplificación de tareas. En SDN, el procesamiento de paquetes no depende de configuraciones estáticas, sino que se basa en una estructura dinámica a través de una capa de software, desvinculando de la infraestructura física.

SDN promete hacer las redes más ágiles y fáciles de administrar al centralizar el control, desacoplar el plano de reenvío del de control, y hacer los dispositivos de red programables. Esta arquitectura emergente está ganando adopción en centros de datos, proveedores de servicios y **empresas**.

1.2. Definición SDN.

Las SDN, han tenido un enfoque revolucionario en el diseño y gestión de redes de computadoras, que han permitido que se pueda englobar en varios puntos:

Primero. Representación de Característica de Entrada.

En la representación de características de entrada, un controlador centralizado, como el componente clave, interactúa con dispositivos de red distribuidos y aplicaciones. Todas estas entradas son la topología de la red o el estado de los dispositivos, las cuales son representadas de manera estructurada con el fin de permitir un control dinámico y centralizado del mismo.

Segundo. Función de Clasificación.

Esta función de clasificación en SDN se logra a través de un controlador central que calcula y gestiona todas las decisiones de una red. Este controlador a menudo se basa en estándares como OpenFlow, que permite la toma de decisiones dinámicas y centralizadas para funciones como enrutamiento, asignación de recursos y manejo de políticas.

Tercero. Función Objetiva para el Aprendizaje.

Las SDN, buscan optimizar el rendimiento y la utilización de los recursos de red, esto con el fin de reducir la dependencia de la configuración manual o la intervención constante de mano de obra humana, lo que permite una adaptación rápida a cambios en la demanda de tráfico o en la topología de la red.

Cuarto. Algoritmo para Optimizar la función Objetivo.

Las SDN implementan distintos tipos de algoritmos y protocolos, uno de los que hemos mencionado anteriormente es OpenFlow, que busca optimizar la función objetivo. Estos algoritmos permiten una comunicación entre el controlador SDN y los dispositivos de red, lo que facilita la toma de decisiones de manera centralizada y dinámica.

Quinto. Fases de SDN.

Las SDN se dividen en múltiples fases, cada una de ellas tiene su propio objetivo y medio de adaptación, lo cual es esencial para mantener un rendimiento óptimo en entornos cambiantes.

Sexto. Aplicaciones Prácticas.

Estas son diversas en las SDN, debido a que implican desde la gestión eficiente de recursos y la implementación rápida de servicios hasta la adaptabilidad a cambios en la red.

Séptimo. Aspectos de Pruebas y Evaluación.

Esta implica medir métricas como la latencia, la utilización de ancho de banda y la eficiencia en el uso de los recursos. Estas pruebas garantizan que el SDN cumpla con los objetivos de mejora en la red y se adapte de manera efectiva a diferentes escenarios.

1.3. Herramientas de emulación SDN.

Las herramientas SDN, son aquellas que nos permiten configurar un entorno de simulación o emulación de redes dentro de un mismo sistema, el cual nos facilita plantear un escenario de red usando "Topologías" y "Flujos de Tráfico", todo esto administrado desde un solo equipo gracias a estas herramientas, también permiten su modificación o cambios sin necesidad de detener los servicios, lo cual es útil para comprobar cómo afectan estos cambios a dicho sistema.

Dentro de las herramientas SDN, tenemos las siguientes:

1. Mininet: Permite la creación de topologías de red personalizadas y la emulación de redes SDN.
2. GNS3: Incorpora soporte para SDN, además es versátil para la simulación de redes.
3. Cisco Packet Tracer: Una de las más conocidas dentro del ámbito SDN, proporcionando una plataforma para la simulación y experimentación.
4. NS-3: Proporciona un entorno flexible y extensible para estudiar el comportamiento de las redes.
5. Colibri: Permite realizar estudios sobre las distintas herramientas para la emulación y simulación de la arquitectura.
6. Open Network Emulator: Ofrece una plataforma que permite la creación de redes virtuales complejas y es compatible con la emulación SDN.
7. CORE: Permite la construcción de topologías complejas.
8. EstiNet: Se centra en la emulación precisa de comportamientos de red, además de proporcionar una plataforma que permite probar y validar aplicaciones y controladores SDN.
9. OMNeT++: Proporciona una plataforma para desarrollar y probar algoritmos y protocolos de red.

Varias de estas herramientas son un tanto conocidas, mientras que otras no o se tiene muy poca información de su funcionamiento, pero fueron agregadas para tener conocimientos de ellas.

CAPÍTULO 2.

2.1. Máquinas Virtuales

Una de las herramientas que más ha contribuido al uso de las SDN son las máquinas virtuales. Decir que son pilares fundamentales para su desarrollo continuo no es exagerado. Gracias a ellas, cualquier persona puede implementar SDN sin poner en peligro su equipo debido a una configuración incorrecta, además de la posibilidad de utilizar múltiples máquinas que permiten la implementación de varias SDN simultáneamente.

Su funcionamiento no es muy complicado, y su capacidad para crear entornos aislados y flexibles es de gran ayuda en el despliegue eficiente de soluciones SDN.

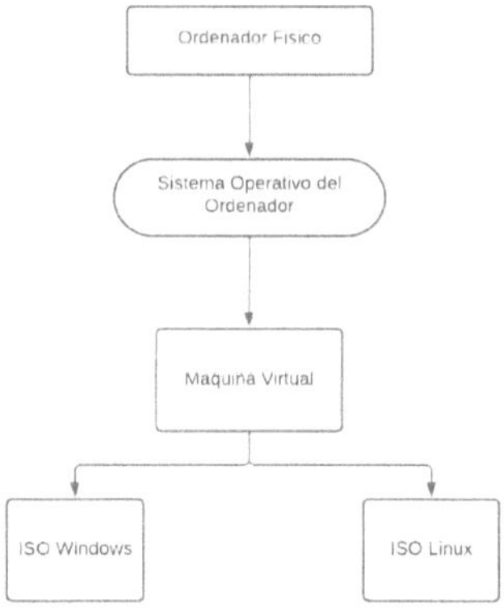

Figura 1. Despliegue de máquinas virtuales

Como vemos en la figura 1, crear una infraestructura con la cual trabajar no es muy complicado en una máquina virtual, siempre y cuando se tenga las partes necesarias para hacer uso de la herramienta, lo cual nos permite una gestión de acuerdo con nuestras necesidades.

2.2. **Fundamentación**

Dentro del campo de la computación, los primeros indicios de publicaciones sobre el ámbito de las máquinas virtuales se ven reflejadas por primera vez en 1944, prácticamente en un momento en el furor de las ciencias de la computación era nulo. Es un año en el cual existe una publicación académica que directamente no llega a estar relacionada con las ciencias de la computación, pero bajo un análisis e interpretación enciende la idea de los primeros indicios en cuanto el uso y relación de las dos palabras en conjunto de máquina virtual. Bajo el uso de bibliometría en la base de datos Scopus por parte del autor Berresford, A et al (1944) en la cual se llega hablar de una máquina extractora de polen, en el documento se llega a mencionar las palabras máquina virtual, pero el uso de la palabra virtual llega a tener una definición que ha evolucionado a lo largo de los años. En ese entonces se centraba en la representación conceptual de situaciones y decisiones estratégicas en lo que bien la interpretación más cercana que deducía era sobre una “Simulación”, estrategias y decisiones que no se basaban en eventos o condiciones reales; sino en situaciones teóricas o imaginarias; siendo está el argumento de relación directo en la evolución de la palabra virtual más en específico “La máquina virtual”, teniendo como relación un término específico el cual es simulación porque la simulación implica imitar o representar un sistema o proceso, a menudo en un entorno controlado, para comprender su comportamiento, probar hipótesis o en el entrenamiento.

El término "máquina virtual" tiene sus orígenes históricos en la década de 1960, cuando IBM empezó a desarrollar la tecnología de virtualización para sus mainframes. Según Goldberg (1974), la máquina virtual es "una duplicación eficiente y aislada de la máquina física usando recursos compartidos del hardware". Máquina que aparta la esencia de la presencia de hardware que permite crear un entorno informático que emula y se comporta como si fuese una computadora real (máquina física), pero sin la necesidad de tener el hardware físico dedicado sólo para ella. En esencia, una máquina virtual es un entorno de software que emula a una computadora real y puede ejecutar programas como si fuese una computadora física independiente (Jiang y Zhou, 2013). Las máquinas virtuales proporcionan abstracción del hardware subyacente y permiten compartir recursos físicos entre varios entornos virtuales aislados entre sí (Wang et al., 2008)

Como explica Crosby (2007), la virtualización implica "la desvinculación de un recurso de servicio de la dependencia física que lo limita". En este sentido, las máquinas virtuales desvinculan el hardware real de los sistemas operativos y aplicaciones, permitiendo así la consolidación de múltiples cargas de trabajo en menos hardware. La máquina virtual es un concepto epistemológico que denota un entorno de software aislado y portable que simula un sistema informático real, permitiendo ejecutar programas y sistemas operativos múltiples sobre una misma infraestructura física.

2.3. **Consolidación de la Máquina Virtual**

En el paso de los años, se ha evidenciado cómo emerge poco a poco y con destreza el papel fundamental de las máquinas virtuales, aportando una dimensión crucial a la flexibilidad y la eficiencia. Ahora, es la necesidad de representar como esta fantástica herramienta converge con las SDN y potencia su dinámico ecosistema.

Dentro de lo que es el mundo de las SDN, las máquinas virtuales no simplemente se refieren a entornos que están aislados, sino a elementos estratégicos que potencian la agilidad y la adaptabilidad de las redes; es decir, se amplía para actuar como actores vivos en la programación y orquestación de recursos, funcionando como un catalizador en la ejecución de los servicios y consonancia con las dinámicas demandas del entorno, hasta cierto punto.

Ahora bien, dentro de esta consonancia existen elementos claves para el funcionamiento de esta integración, las cuales son:

- Centralización de Control: La centralización del control en las SDN encuentra su complemento natural en la capacidad de las máquinas virtuales para operar en entornos aislados y responder a comandos centralizados, creando una sinfonía de gestión dinámica y programación eficiente.

•Programabilidad Extendida: La programabilidad, piedra angular de las SDN, la cual se extiende hasta las máquinas virtuales, desencadenando la capacidad de adaptación en tiempo real y facilitando cambios instantáneos en la red.

También podemos encontrar aplicaciones que se sintetizan en profundidad, como lo son:

•Despliegue Ágil de Servicios: La integración de máquinas virtuales permite un despliegue ágil de servicios en las SDN, desde su rápida implementación de nuevas funciones hasta la adaptación instantánea a los requisitos cambiantes de la red.

•Optimización de Recursos: Al consolidar los recursos mediante el uso de máquinas virtuales podemos percibir una eficiencia operativa y además de eso un medio que sirve como catalizador en la optimización integral de la red en el contexto de la SDN.

•Resiliencia y Recuperación: Al actuar como entidades flexibles y replicables, las máquinas virtuales fortalecen la resiliencia de las SDN, brindándonos múltiples opciones robustas para la recuperación ante fallos y la continuidad del servicio.

Las máquinas virtuales permiten implementar rápidamente nuevos servicios de red en entornos aislados sobre la infraestructura SDN. Por ejemplo, se puede desplegar una máquina virtual con un firewall en minutos sin afectar otras partes de la red. Luego, el controlador SDN puede orquestar y replicar este servicio de firewall a otras zonas de la red de manera flexible según se necesite.

Al tener en cuenta todas estas funcionalidades y utilidades que son capaces de brindar las máquinas virtuales, se puede deducir que es una herramienta lo bastante apta para explorar el continuo mundo de posibilidades que existen dentro de las SDN. Esta unión de máquinas virtuales y SDN nos entregará una implementación efectiva y una gestión eficiente de las redes modernas.

2.4. Utilización de la Máquina Virtual.

Las máquinas virtuales (MV) permiten la ejecución de múltiples sistemas operativos y aplicaciones en un solo servidor físico. Cada MV tiene sus propios componentes virtualizados como CPU, RAM, almacenamiento y nic de red (Smith, 2020). El hipervisor o software de virtualización crea y gestiona estas MVs, asignando recursos dinámicamente y aisladas entre sí.

Por otro lado, las redes definidas por software (SDN) separan el plano de control de red del plano de reenvío de datos (Jones, 2022). El plano de control se centraliza en un controlador SDN programable. El plano de reenvío usa dispositivos de red estándares, pero se vuelven gestionados y programables a través del controlador.

Las MV y SDN se complementan para proveer infraestructuras de centro de datos flexibles y escalables. El hipervisor puede crear redes virtuales aisladas para interconectar las MVs, mientras que el controlador SDN proporciona conectividad y gestión de red entre hosts físicos (Williams, 2021). Juntos, permiten la consolidación de muchas cargas de trabajo virtualizadas en menos hardware físico.

Específicamente, las MV aprovechan las capacidades de SDN de las siguientes maneras:

Gestión centralizada y visibilidad global: El controlador SDN tiene una vista unificada de la topología física y virtual, simplificando operaciones como monitoreo, aprovisionamiento y troubleshooting (Smith, 2020).

- Migración simplificada: Las políticas y configuraciones de red pueden migrar junto con las MV cuando se mueven entre hosts, sin necesidad de reconfiguración manual (Jones, 2022).
- Redes virtuales dinámicas: Los controladores SDN pueden crear y gestionar redes overlay virtuales para conectar MVs de forma flexible y ágil (Williams, 2021).
- Segmentación y aislamiento: El tráfico de las MVs se puede separar en segmentos de red virtuales distintos para mayor seguridad y aislamiento.
- Equilibrio de carga: El controlador SDN tiene visibilidad del tráfico entre MVs y puede distribuirlo para optimizar el rendimiento (Smith, 2020).

La virtualización y SDN se complementan poderosamente. Las MVs proveen consolidación y aislamiento mientras que SDN entrega gestión centralizada, programabilidad y conectividad flexible entre entornos virtualizados. Esta interrelación ha impulsado su adopción conjunta en centros de datos y nubes.

CAPÍTULO 3

3.1. OPENSTACK

OpenStack es una plataforma de Cloud Computing con sus inicios al principio del 2010, el cual su código inicial estaba basado en la plataforma Nebula de la NASA y la plataforma de archivos cloud de Rackspace.

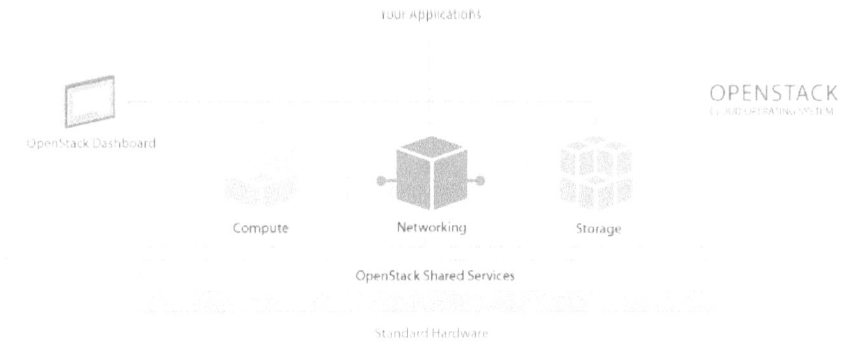

Figura 2. Arquitectura OpenStack

Fuente: https://www.openstack.org/software/ "your applications"

Para los siguientes años la plataforma se convirtió en una de código abierto, esto permitió que mucha gente que estuviera interesada y se uniera parte del proyecto en una parte del proyecto, lo que logro que hoy en día bajo la mano de la OpenStack Foundation (Open Ifrastructure Foundation, desde el 2021) y su comunidad, brindarle un continuo desarrollo, actualización y mantenimiento.

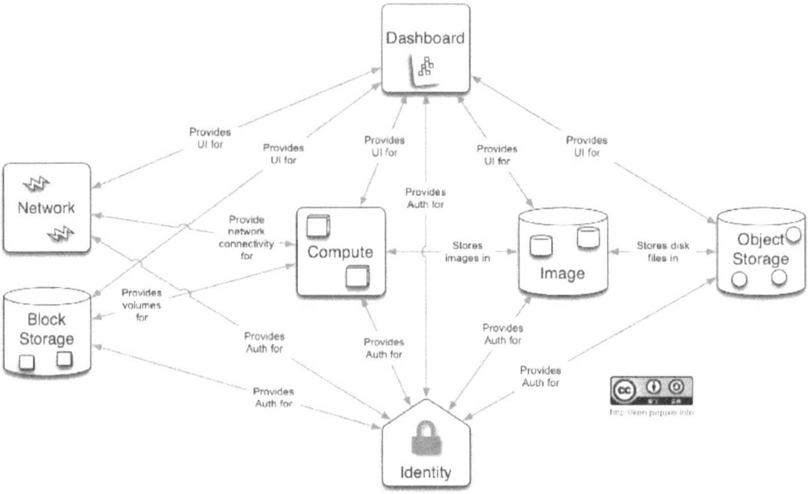

Figura 3. Arquitectura de desarrollo

Fuente: http://docs.openstack.org/developer/keystone/

A diferencia de otras plataformas, OpenStack permite controlar grandes conjuntos de recursos de computación, almacenamiento y red dentro de un data center, estos pueden ser instalados de manera separada o conjunta según la distribución que el usuario desee.

3.2. **Características de OpenStack.**

Dentro de OpenStack, se pueden encontrar diversas características que le dan una gran variedad de utilidad a la plataforma, estas características principales son las siguientes:

- Cómputo en la nube: Permite el aprovisionamiento y administración de máquinas virtuales a gran escala.
- Almacenamiento en la nube: Permite ofrecer diversos servicios de almacenamiento.

•Redes definidas por software: Proporciona capacidades para administrar redes virtuales y configurar su conectividad entre los diferentes componentes de la infraestructura en la nube.

•Servicios adicionales: Entre estos servicios se pueden encontrar una gran variedad, como la autenticación y autorización, entre otros.

3.3. Despliegue de OpenStack.

Dentro del mundo que aborda este tipo de tecnologías (Servicios en la Nube), podemos encontrar servicios que ofrecen infraestructura desde la nube, estos servicios son conocidos a través de los términos IAAS, SAAS y PAAS.

Para entender un poco mejor a que hacen referencia estos términos, se explicaran cada uno de ellos, con el fin de que podamos entender como OpenStack, entra dentro de este tipo de servicios.

•SAAS (Software as a service): Ofrecen aplicaciones en la nube como tipo de servicio. Entre los que usan ese tipo de modalidad de servicios podemos encontrar: Google con su servicio de Gmail, Microsoft con su servicio de Office 365, Outlook con su servicio de Hotmail, entre otros.

•PAAS (Platform as a service): Ofrecen un entorno en la nube que incluye todo lo que los desarrolladores necesitan para trabajar como servicio. Entre los que usan ese tipo de modalidad de servicios podemos encontrar: Google App Engine, Red Hat OpenShift, entre otros.

•IAAS (Infraestructure as a service): Estos últimos ofrecen un modelo de recursos de infraestructura bajo demanda, como computación, almacenamiento, redes, etc. Es decir, todo lo necesario para montar cualquiera de los otros dos servicios. Entre los que usan ese tipo de modalidad de servicios podemos encontrar: Amazon con su servicio de Amazon Web Services (AWS), Microsoft con su servicio de Azure, OpenStack, entre otros.

Como se puede observar, OpenStack se puede desplegar como un tipo de IAAS, pero este no solo lo puede hacer en nubes públicas, sino que también lo puede hacer en nubes privadas, servidores dedicados y con GPU. Cualquiera puede gestionarlo mediante herramientas de líneas de comando, servicios web RESTful, Dashboards, etc.

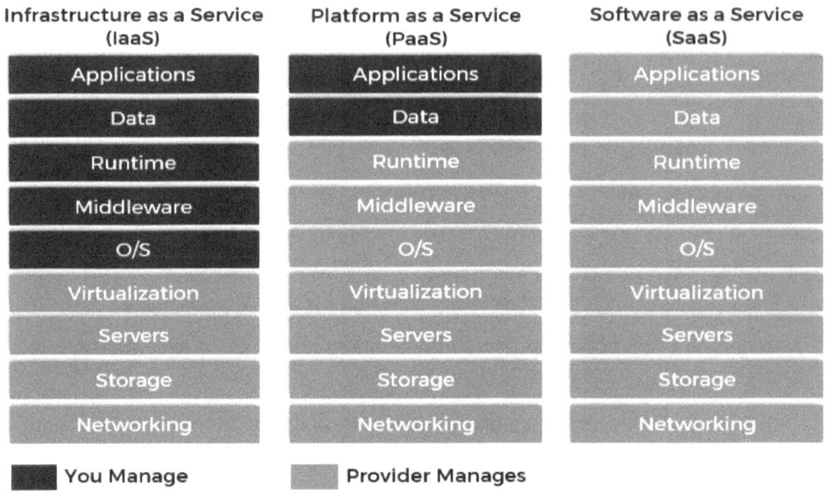

Figura 4. Tipos de infraestructura

Fuente: https://medium.com/analytics-vidhya/cloud-computing-introduction-and-1st-step-towards-amazon-web-services-22344ac7178e

En la *figura 4,* se puede observar los distintos tipos de acciones que puede hacer el usuario y los distintos tipos de acciones que puede hacer quien administra la infraestructura.

3.4. **Arquitectura modular de OpenStack.**

"La arquitectura de OpenStack está compuesta por módulos independientes para computación, almacenamiento, redes y otros recursos, los cuales se pueden combinar de diversas formas" (Williams, 2018, p. 26) esto quiere decir que posee una arquitectura altamente modular y flexible, lo cual es uno de sus principales atractivos, esto permite que muchas organizaciones construyan sus propias infraestructuras en la nube de acuerdo con sus necesidades, aunque si es cierto que posee flexibilidad, hay que tener en cuenta que no es totalmente modificable y que habrá ciertos módulos que serán obligatorios para el funcionamiento de la plataforma, que para (Jones, 2022) lo hace catalogar como "Uno de los beneficios clave de OpenStack es su arquitectura altamente escalable y extensible gracias al diseño modular de sus servicios" componentes que funcionan de manera independiente y se integran a través de API abiertas. Cada módulo se encarga de una función específica, como computación (Nova), almacenamiento (Cinder), redes (Neutron), imágenes (Glance), identidad (Keystone), entre otros.

La arquitectura modular permite escalar OpenStack de forma flexible, desplegando sólo los módulos necesarios para cubrir los requerimientos. Por ejemplo, si se requiere mayor capacidad de cómputo, se puede añadir más nodos Nova. Si se necesita más almacenamiento, se agregan recursos Cinder. De este modo, se evita provisionar componentes que no se usarán, optimizando recursos. Además, cada módulo puede escalar horizontalmente de manera independiente, aumentando la resiliencia y disponibilidad del cloud. Si un componente falla o se satura, puede expandirse sin afectar al resto.

La modularidad también posibilita reemplazar ciertos módulos por productos propietarios o de otros vendors. Por ejemplo, se puede sustituir Cinder por un sistema de almacenamiento empresarial, manteniendo la integración a través de las API de OpenStack. Esto otorga flexibilidad para adaptar la plataforma cloud a necesidades específicas.

Dentro de esta arquitectura modular, podemos encontrar varios componentes que ayudan al funcionamiento de esta plataforma, entre ellos podemos encontrar los siguientes:

- Componente Compute (Nova): Este componente se centra en el aprovisionamiento, gestión y automatización de conjuntos de recursos, es decir, es el corazón de OpenStack. Su objetivo es gestionar y automatizar las instancias mediante la implementación de servicios y librerías.
- Componente Object Store (Swift): Es un servicio de almacenamiento de objetos (Entidad única que contiene información y que tienen el mismo nivel entre ellos) que destaca por ser altamente disponible, distribuido y fiable.

• Componente Image (Glance): Es un servicio que se centra en la gestión de imágenes de máquina virtual, lo que incluye el descubrimiento, registro y recuperación de estas.

• Componente Dashboard (Horizon): Proporciona tanto a administradores como usuarios una interfaz gracia para el acceso, la provisión y automatización de los recursos.

• Componente Identity (Keystone): Es el sistema de autenticación a través del cliente API de usuarios asignados al servicio.

• Componente Networking (Neutron): Es el sistema que gestiona las redes y direcciones IP.

• Componente Block Storage (Cinder): Es el servicio que virtualiza el aprovisionamiento y la gestión de dispositivos de almacenamiento en bloque.

• Componente Orchestration (Heat): Es el servicio que orquesta múltiples recursos de infraestructura para aplicaciones compuestas en la nube utilizando plantillas en forma de archivos de texto que se pueden tratar como código (API REST).

• Componente Bare Metal Provisioning (Ironic): Es un programa integrado que permite el aprovisionamiento de máquinas físicas en lugar de máquinas virtuales.

• Componente Container Orchestration (Magnum): Se centra en conseguir motores de orquestación de contenedores como Docker Swarm o Kubernetes.

CAPÍTULO 4.

4.1. GUÍA DE INSTALACIÓN.

4.1.1. Máquina Virtual (Virtual Box).

La máquina virtual es lo más importante, por lo cual es bueno definir una que cumpla con los criterios necesarios para poder trabajar sin inconvenientes, en este caso se usará una de las más recomendadas, la cual es VirtualBox, una aplicación creada por la empresa de Oracle, la cual ayudará a emular una máquina independiente en la computadora. Para instalar el VirtualBox, es necesario descargar el instalador de su

```
$ https://www.virtualbox.org/
```

página, el cual se puede encontrar a continuación.

Una vez pulsado el enlace, este los redireccionará a la página, lo que permitirá descargar el instalador que va de acuerdo con su sistema operativo.

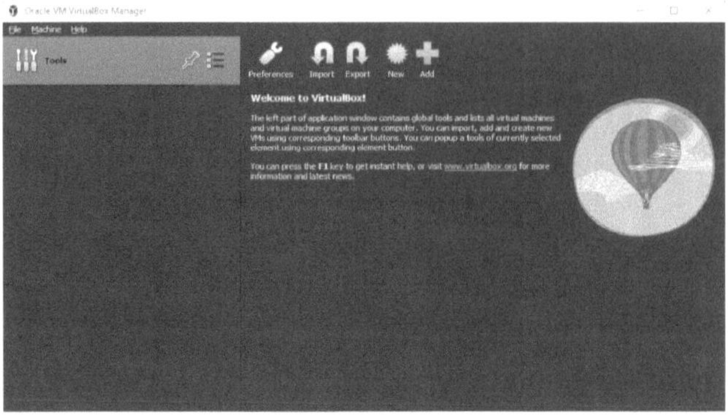

Figura 5 Inicio máquina virtual

4.1.2. Descargar Imagen ISO Ubuntu.

Para poder trabajar con OpenStack, es necesario también de disponer de un sistema operativo que se acople a las funcionalidades, servicios y dependencias que este pueda ofrecer, para esto es recomendado trabajar según la página oficial de OpenStack con el sistema operativo Linux Ubuntu, desde la versión 16.04 LTS hasta la 22.04.4 LTS, en esta ocasión se hará uso del sistema Ubuntu Jammy Jellyfish 22.04.4

```
$ https://releases.ubuntu.com/jammy/
```

LTS.

Una vez pulsado el enlace, este los redireccionará a la página oficial de Ubuntu, en donde podrán encontrar el archivo ISO necesario del sistema operativo.

Teniendo el archivo ISO descargado, se procede a crear una máquina virtual en el VirtualBox con él, obteniendo el siguiente resultado.

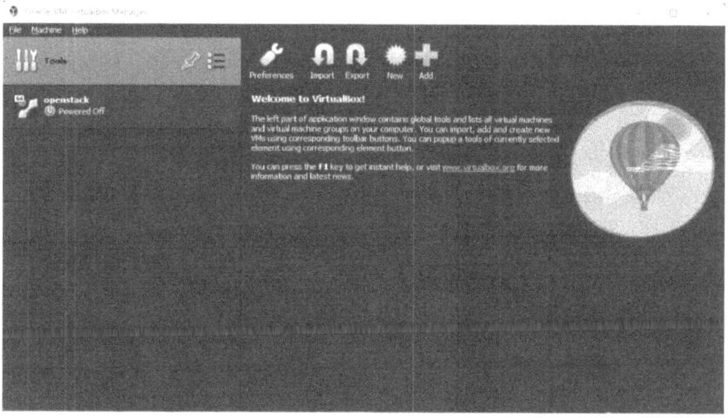

Figura 6 Configuración máquina virtual

Posterior a la creación de la máquina es necesario abrirla para que se hagan todas las configuraciones del sistema alojado dentro de ella, debido a que al ser un espacio virtual que recrea un computador, se tiene que hacer las configuraciones de dicho sistema como si se estuviera instalando en un computador normal.

Ahora, al entrar se arrojará al inicio del sistema operativo Ubuntu, aquí se encontrará que se pide una contraseña para acceder, esto se debe a que VirtualBox al crear una máquina virtual esta es generada con un usuario y contraseña definidos.

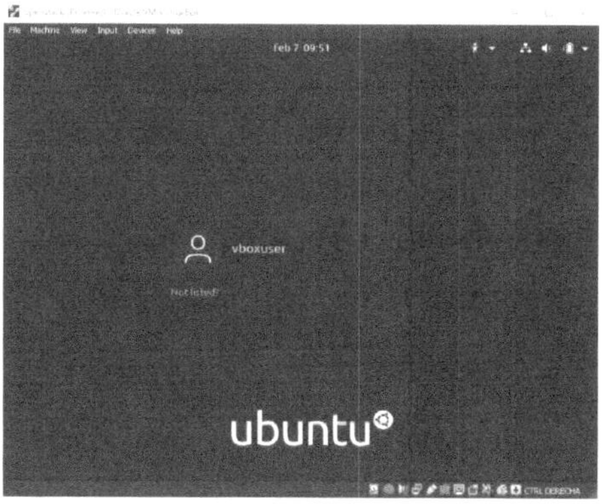

Figura 7 Inicio de sesión

Para acceder al escritorio de trabajo, simplemente es necesario escribir la contraseña definida por el usuario al momento de crear la máquina virtual, en caso tal que al momento de la creación todo se dejará por defecto, entonces la contraseña que tendrá asignada la máquina será "changeme", la cual permitirá posterior a la escritura de ella acceder al escritorio donde se le dará siguiente a todo sin seleccionar nada para que el sistema trabaje en un entorno limpio.

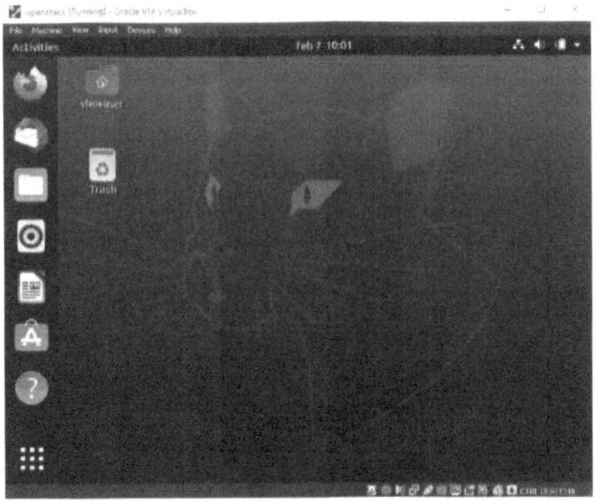

Figura 8 Desktop

En esta parte se hará unas últimas configuraciones para que el sistema pueda correr las utilidades necesarias para el funcionamiento de OpenStack.

Dentro del escritorio, será necesario dirigirse al apartado de *configuración* o *settings* y se buscará el apartado de idioma dentro del sistema operativo, ahí se cambiará el idioma a cualquier otro como el inglés de Canadá o español, esto se hace con el objetivo de que, al cambiar el idioma, la terminal logre poder ejecutarse. Debido a ciertos motivos el idioma por defecto con el que viene Ubuntu o la configuración dentro de la máquina virtual impide que logre ejecutarse de manera efectiva, aplicar esta configuración logrará arreglar el problema.

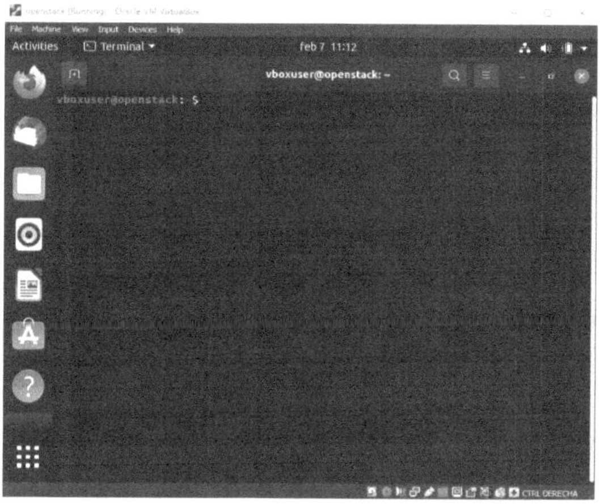

Figura 9 Pantalla de comando

Por último, se agrega un nuevo superusuario o usuario root dentro de las credenciales del sistema, esto es necesario para poder hacer uso de varios comandos que se necesitaran en la instalación de OpenStack.

Para esto, es necesario dirigirse a la terminal de Linux, y se escribirá el siguiente comando:

```
$ su
```

El comando *"su"* se utiliza para cambiar al usuario *superusuario* (root) en un sistema Linux. Al ejecutar este comando, será necesario ingresar la contraseña del *superusuario*. Una vez que se autentique, el prompt del sistema cambiará y se tendrá privilegios de superusuario, lo que permite realizar operaciones que requieran permisos elevados.

Después, les pedirá escribir una contraseña la cual es la misma con la que se accede al escritorio (changeme) y posteriormente se procederá a escribir el siguiente comando:

```
$ nano /etc/sudoers
```

El comando *nano /etc/sudoers* se utiliza para abrir y editar el archivo de configuración */etc/sudoers* utilizando el editor de texto nano. El archivo */etc/sudoers* es un archivo de configuración que determina los permisos y configuraciones relacionadas con el comando *sudo* en Linux.

Una vez aplicado el comando, esto los redireccionará a un apartado donde se buscará la siguiente línea:

```
#User privilege specification
```

Aquí se encontrará el apartado donde se va a agregar el nuevo *superusuario*, para esto, se hará un espacio debajo del *superusuario* ya existente y se agregará la siguiente

```
vboxuser ALL=(ALL:ALL)ALL
```

línea:

Aquí cabe mencionar que se están usando parámetros que vienen por defecto en el VirtualBox, en caso de que estos se encuentren diferentes, como por ejemplo el usuario no sea *"vboxuser"*, sino cualquier otro diferente a este, es necesario cambiarlo por el que se designó por ustedes. El resultado final sería el siguiente:

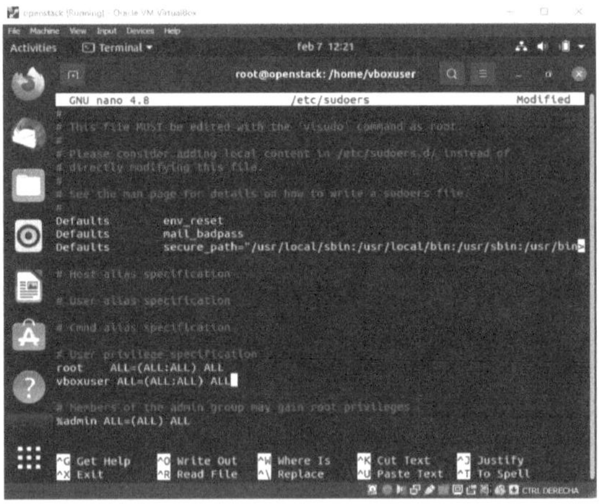

Figura 10 Pantalla de configuración

Después de efectuar todo, se procede a salir y guardar los cambios con la siguiente combinación de teclas:

```
$ ctrl + x
$ Y (Para aceptar los cambios)
$ Tecla enter
```

Por último, se cerrará la ventana de la terminal para posteriormente iniciar de manera limpia

4.1.3. Preparación del ambiente.

El cliente de OpenStack se puede instalar de varias formas. Aquí se mostrará como instalar desde ciertas librerías de DevStack.

Para correr OpenStack, se deberá tener abierta la máquina virtual con el sistema con el sistema operativo instalado anteriormente y sobre todo debidamente configurado ya que esto ayudará a no tener inconvenientes durante su instalación.

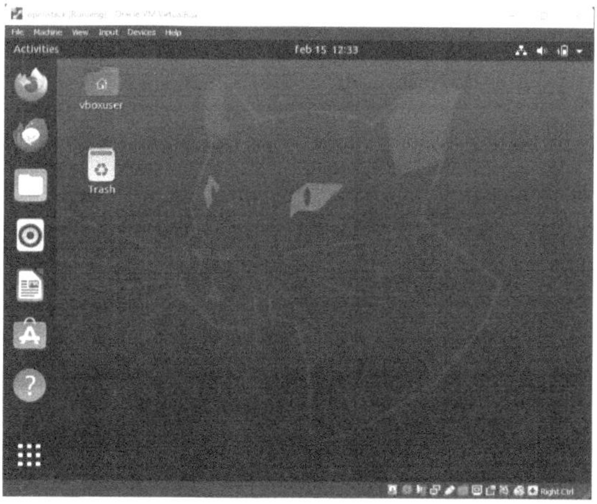

Figura 11 Preparación del ambiente

Para empezar, se abrirá la terminal y dentro de la terminal se escribirá el siguiente comando:

```
$ sudo apt update -y && sudo apt upgrade -y
```

Este comando servirá para actualizar las listas de paquetes y luego mejorar todos los paquetes a las últimas versiones sin pedir confirmación.

Figura 12 Actualización de dependencias

Cabe destacar que en algunas ocasiones el sistema pedirá una verificación, ya que son cambios y actualizaciones que se están haciendo a nivel sistémico, esta verificación es pedir nuevamente la contraseña de acceso al sistema.

Todos estos cambios y actualizaciones que se hagan se pueden verificar con el comando:

```
$ sudo apt list --upgradeable
```

Si todos los cambios fueron efectuados de manera correcta, mostrará un *"Listo"* (Done) como respuesta.

Ahora, que se han cambiado y actualizado la lista de paquetes, se procede a ejecutar el siguiente comando:

```
$ sudo useradd -s /bin/bash -d /opt/stack -m stack
```

Este comando creará un nuevo usuario que tendrá como nombre "stack" y el directorio de inicio en la ruta "/opt/stack".

Nuevamente se verifica si existe alguna actualización pendiente con el siguiente comando:

```
$ sudo apt -y dist-upgrade
```

Este comando sirve para actualizar el sistema operativo a la última versión disponible, lo que incluye la instalación de posibles nuevas dependencias o la eliminación de paquetes obsoletos e innecesarios.

Posterior a esto, se debe asegurar que el directorio de inicio *"stack usuario"*, tenga permisos de ejecución para todas las carpetas y esto se hará con el siguiente comando:

```
$ sudo chmod +x /opt/stack
```

Este comando permite la ejecución del directorio creado anteriormente (*/opt/stack*), esto significa que los usuarios podrán ejecutar ese directorio como un programa siempre y cuando tengan los permisos necesarios.

Debido a que este usuario creado realizará también varios cambios dentro del sistema, es necesario también otorgarle privilegios de super usuario, para esto es necesario escribir el siguiente comando:

```
$ echo "stack ALL=(ALL) NOPASSWD: ALL" | sudo tee /etc/sudoers.d/stack
```

Con este comando, se añade la línea *"stack ALL=(ALL) NOPASSWD: ALL"* al archivo *"/etc/sudoers.d/stack",* esto permitirá al usuario "stack" ejecutar cualquier comando con privilegios de administrador sin necesidad de requerir una contraseña.

Para comprobar que el comando ha funcionado satisfactoriamente el sistema arroja una respuesta como la que se encuentra a continuación:

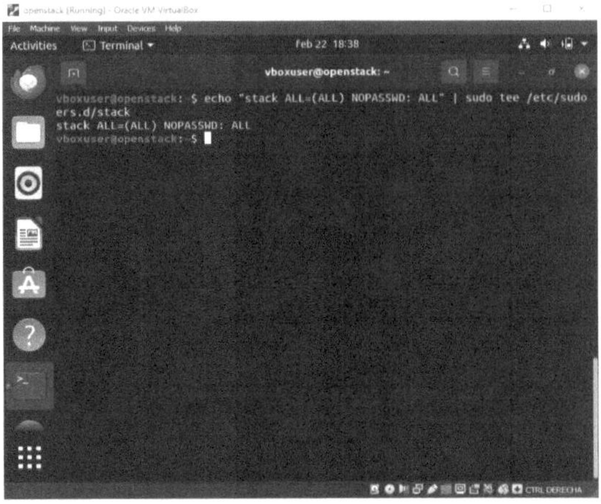

Figura 13 Comprobación de comandos

Esta respuesta quiere indicar que el usuario creado *"stack"* se le han otorgado los permisos para ejecutar cualquier comando de administrador sin la necesidad de ingresar una contraseña.

A continuación, para terminar la configuración, se escribirá el siguiente comando

```
$ sudo -u stack -i
```

Este comando iniciará una sesión interactiva como el usuario *"stack"* utilizando *"sudo"*, lo que permitirá trabajar en el sistema con los permisos y las configuraciones del usuario "stack"

4.1.4. Descargar Complementos Git.

Un paso esencial para la instalación del Framework OpenStack, es instalar los complementos de Git, esto es con el fin de poder bajar todos los repositorios necesarios de la plataforma, para esto se empezará escribiendo el siguiente comando:

```
$ sudo apt install git -y
```

Este comando instalará Git en el sistema, lo cual permitirá utilizar sus comandos en el sistema, como son las clonaciones de repositorios entre otros.

Posterior a la instalación de Git, se procede a clonar el repositorio de DevsTack de OpenStack con el siguiente comando:

```
$ git clone https://opendev.org/openstack/devstack
```

Este comando, como se menciona anteriormente clonara el repositorio DevsTack de OpenStack y los instala en el sistema, estos comandos se usarán para poder ejecutar su entorno.

Con esta instalación, se habrán descargado o instalado todos los complementos necesarios de Git, lo cual posterior a esto se explicará la creación de los archivos locales necesarios donde se alojarán y/o usarán los archivos necesarios.

4.1.5. Creación de Archivo Local.

El archivo local, tiene como objetivo generar protocolos estándares en OpenStack, por lo cual es fundamental en el uso de la herramienta, ahora bien, para crear el archivo local será necesario dirigirse a la carpeta de DevStack, que se encuentra en la sesión interactiva *"stack"* iniciada anteriormente esto se hará con el siguiente comando:

```
$ cd devstack
```

Este comando permitirá moverse entre directorios dentro del sistema Linux.

Posterior a esto, se procederá a instalar el complemento "vim", el cual es un editor de texto mejorado de "vi", para instalarlo se procede a escribir el siguiente comando:

```
$ sudo apt install vim
```

Este comando instalará el complemento "vim" en el sistema de Linux.

Una vez que el complemento es instalado, es necesario averiguar la dirección IP, esto es importante ya que servirá para más adelante, por lo cual, para saberlo se escribirá el siguiente comando:

```
$ ip addr show
```

Este comando se utiliza para mostrar información detallada sobre las interfaces de red del sistema y sus direcciones IP asignadas

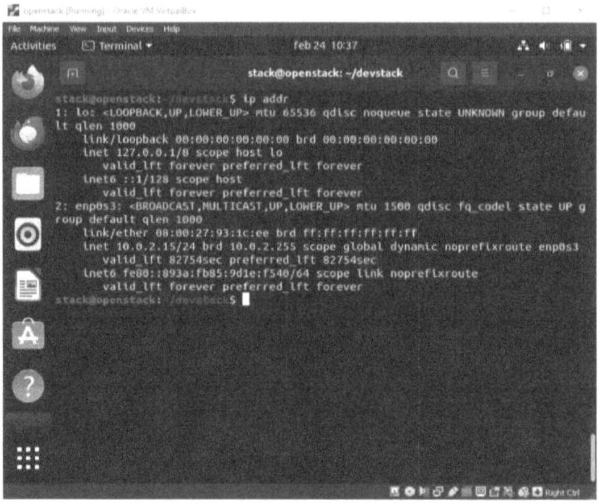

Figura 14 Visualización de direcciones

En este caso la dirección IP, que se usará es la *"10.0.2.15"*, la dirección puede cambiar, lo cual es necesario verificar cada uno la que fue asignada y es importante que sea la correcta ya que esto puede generar problemas en el uso del framework.

Ahora, se procederá a entrar a la carpeta *"local.conf"*, para esto se escribirá el siguiente comando:

```
$ vim local.conf
```

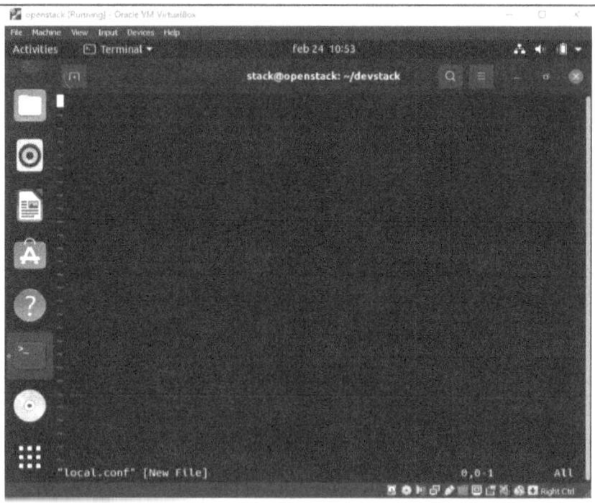

Figura 15 Acceso a la carpeta local

Una vez dentro de la carpeta es necesario presionar la tecla *"i"*, la cual cambia los valores de lectura a escritura y luego se puede escribir lo siguiente:

```
[[local|localrc]]

    #Password for Keystone, Database, RabbitMQ and Service
    ADMIN_PASSWORD=root
    DATABASE_PASSWORD=$ADMIN_PASSWORD
    RABBIT_PASSWORD=$ADMIN_PASSWORD
    SERVICE_PASSWORD=$ADMIN_PASSWORD

    #Host IP - get your server/VM IP address from ip addr command
    HOST_IP=10.0.2.15 (Tu IP)
```

Después de escribir toda la información, quedará de la siguiente manera:

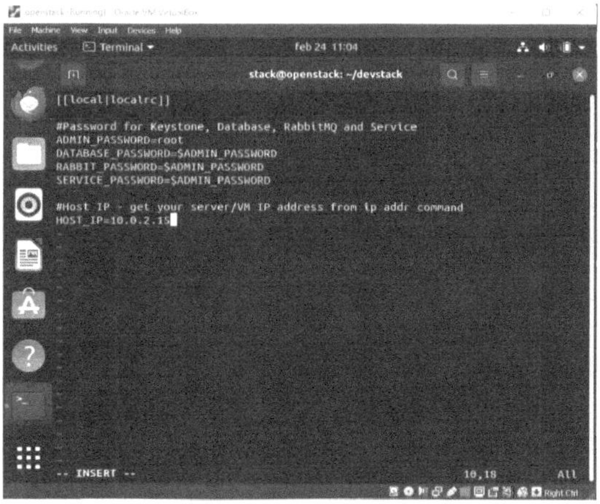

Figura 16 Comandos de configuración

En esta sección, en la parte de *"ADMIN_PASSWORD"*, se puede cambiar el valor de la opción *"root"*, por cualquier valor que sea más cómodo de usar y en la parte de *"HOST_IP"*, colocar la IP que les registra, posteriormente de esto se presiona la tecla *"esc"* luego *":"* (Doble punto) y *"wq"* como se muestra a continuación:

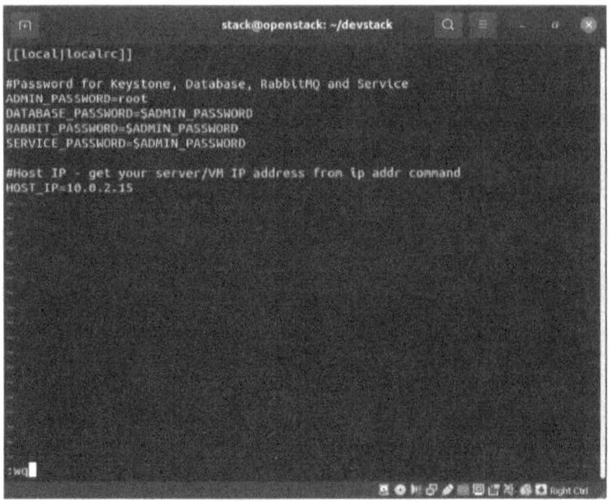

Figura 17 Script de configuración

Esto provocará que se retorne al inicio en la carpeta *"devstack"* y se procede después a ejecutar el siguiente comando:

```
$ ./stack.sh
```

Este comando ejecutara el script *"stack.sh"*, que automatizara la instalación y configuración del entorno de desarrollo de OpenStack utilizando DevStack.

Ahora, puede que el comando proporcione algún tipo de error debido a la versión de Linux (Ubuntu Jammy Jellyfish 22.04.4 LTS), esto se debe a que en esta versión no ha sido probado específicamente el script y detiene dicha ejecución, pero no necesariamente significa que el script este mal, para solucionar esto, se proporciona un comando que fuerza la ejecución incluso si se detecta una distribución no probada, el

```
$ FORCE=yes ./stack.sh
```

cual es el siguiente:

Este comando sirve para permitir que el script continúe su ejecución a pesar de la advertencia.

Después de ejecutar los comandos, se instalarán los últimos archivos necesarios para poder ejecutar de manera local OpenStack, en esta parte es importante recalcar que la ejecución de estas instalaciones puede tardar un tiempo promedio de 20 a 30 minutos, pero esto puede variar de acuerdo con la conexión de internet de cada persona. Se sabrá que ha finalizado la descarga de todo cuando la consola los retorne nuevamente a la carpeta *"devstack"*.

4.2. **Entorno OpenStack**

Ahora que se encuentran instalados todos los repositorios, archivos y complementos, se puede ejecutar el entorno visual ofrecido por OpenStack a través de Devstack, esto se puede hacer a través del navegador que se encuentra alojado dentro de la máquina virtual o desde cualquier navegador instalado en el sistema operativo que viene en su computador y esto se puede hacer mediante la IP que fue determinada para el host anteriormente.

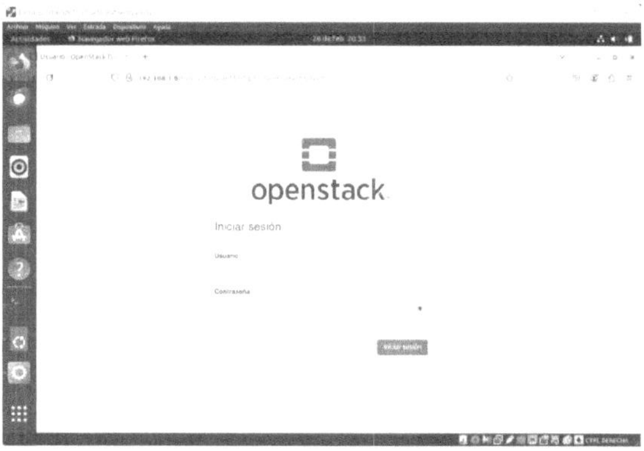

Figura 18 Ventana inicial de openstack

Durante la instalación de OpenStack, se configura dos usuarios por defecto, los cuales son *"admin"* y *"demo"*, estos usuarios disponen de ciertos privilegios con los que es posible interactuar, en este caso se usará el usuario *"admin"* el cual, al ser un usuario administrador, permite sacarles el máximo provecho a todas las funcionalidades que OpenStack brinda.

Para acceder a los usuarios predeterminados es necesario escribir la contraseña determinada por uno en la instalación, la cual si se hizo todo al pie de la letra quedaría por defecto *"root"* y esto permitirá el acceso como se muestra a continuación:

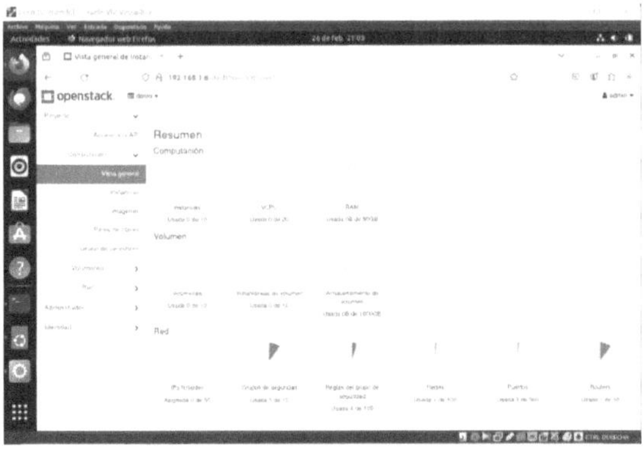

Figura 19 Marco de trabajo

Una vez se accede a la cuenta, se puede encontrar un Dashboard general con las utilidades que tiene OpenStack, estas pueden ser englobadas en 3 campos generales, los cuales son *"proyecto"*, *"administrador"* y *"identidad"*, se irán explorando cada uno de estos campos a medida que les vaya dando uso.

4.2.1. Fundamentos para la creación de un proyecto OpenStack.

Para empezar un proyecto en OpenStack, es necesario crear una *"identidad"* y para esto hay que abrir el campo con el mismo nombre de lo que es necesario crear *"identidad"*.

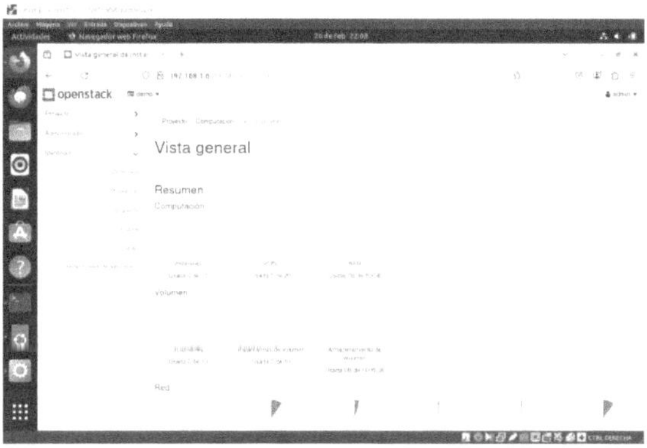

Figura 20 Vista general

Al abrir este campo, se puede observar cómo se despliega una serie de utilidades que hacen parte de él, las cuales son: *"Dominios"*, *"Proyectos"*, *"Usuarios"*, *"Grupos"* *"Roles"* y *"Credenciales de aplicación"*, la utilidad que se usará para empezar es la de *"Proyectos"*.

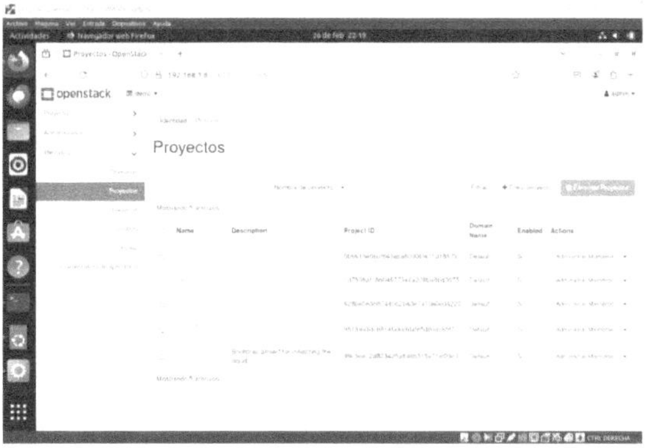

Figura 21 Vista de proyectos

Al entrar en la utilidad de *"Proyectos"*, se puede observar la vista con todas las funcionalidades que esta brinda, aquí es donde se empezará a crear el proyecto, para esto se pulsará el botón *"Crear proyecto"*, el cual desplegará una ventana como se puede ver a continuación:

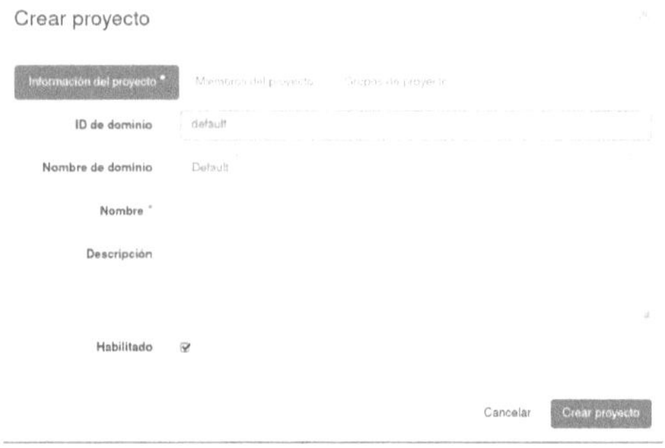

Figura 22 Ventana para crear proyectos

En esta ventana se podrá crear el proyecto y agregar lo que se requiera en él, entre la información que se puede agregar podemos encontrar la *"Información del proyecto"*, *"Miembros del Proyecto"* y *"Grupos de Proyecto"*, éste quedará habilitado una vez creado a menos que se desactive la casilla abajo que lo habilita antes de crearlo, se agregara como nombre al proyecto, *"prueba"* y se procederá a crear sin deshabilitarse dicha casilla para que quede activado de manera inmediata. Una vez creado el proyecto se podrá ver reflejado en la utilidad como se ve a continuación:

Mostrando 6 articulos

Name	Description	Project ID	Domain Name	Enabled	Actions
[illegible]		06661540bcf843aba80006f411d18879	Default	Sí	Administrar Miembros
[illegible]		1d7598af18b64877946a228be86d3875	Default	Sí	Administrar Miembros
prueba		240f9fc97b93474989c45a3673dd254c	Default	Sí	Administrar Miembros
[illegible]		628be5e5b67440b2b43e7a1be0ed4220	Default	Sí	Administrar Miembros
[illegible]		9818ae3dc6814fa9a9da9f5d804c65f7	Default	Sí	Administrar Miembros
[illegible]	Bootstrap project for initializing the cloud.	99c3ea12d823425a846b315e71ef29c3	Default	Sí	Administrar Miembros

Mostrando 6 articulos

Figura 23 Información del proyecto

Ahora que se ha creado el proyecto, será necesario asignarle los privilegios que este tendrá, para esto, se crearán los roles que serán asignados al usuario y esto es posible en la funcionalidad *"Roles"*, del campo *"Identidad"*.

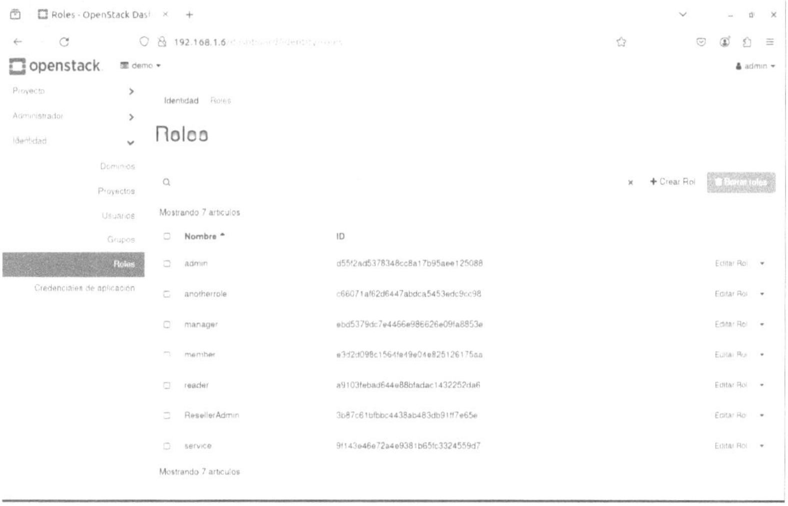

Figura 24 Roles

Dentro de la funcionalidad de *"Roles"*, se crearán los roles necesarios para el proyecto desde el botón *"Crear Rol"* para posteriormente desplegarse la siguiente ventana:

Figura 25

Aquí se asignará el nombre de *"admin-prueba"* el cual se usará de muestra para la continuación del proyecto, ahora que se colocó un nombre, se presionara el botón

"Enviar", para guardar dicho rol, el cual se podrá ver posteriormente en la funcionalidad *"Roles"*, como se muestra a continuación:

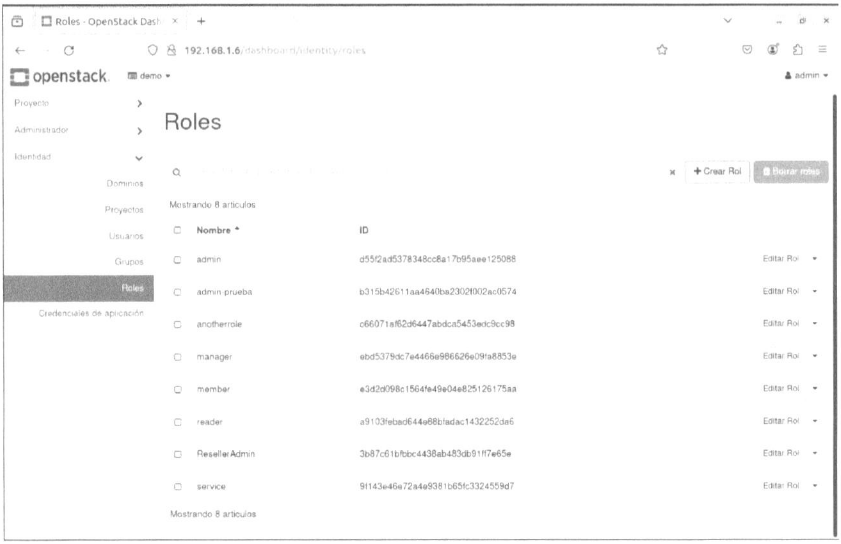

Figura 26 Descripción de roles

Posterior a la creación del rol para el proyecto, será necesario dirigirse a la funcionalidad de *"Grupos"*, dentro del campo *"Identidad"*

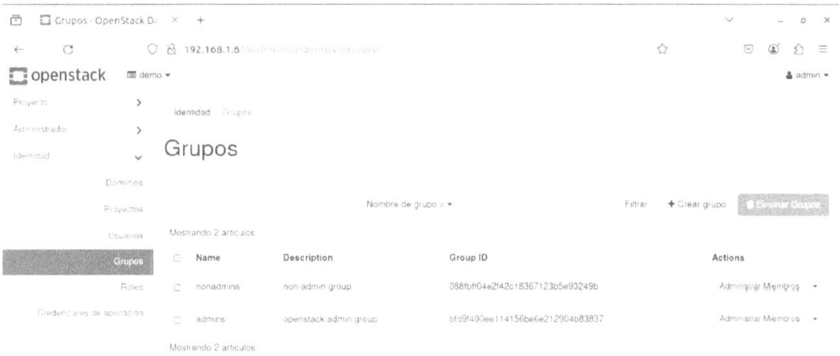

Figura 27 Grupos

Para crear un grupo, lo fundamental es dirigirse al botón *"Crear grupo"* y este desplegara una ventana como la siguiente:

Figura 28 Vista de creación de grupos

Es necesario asignarle un nombre al grupo al igual que en los casos anteriores, en este caso el nombre asignado será *"prueba-red"*, también de requerirse se agrega una descripción, la cual no será necesaria debido a que es una prueba, posterior a esto se crear el grupo con el botón *"Crear grupo"* y se verá reflejado en la funcionalidad *"Grupos"* el nuevo grupo creado.

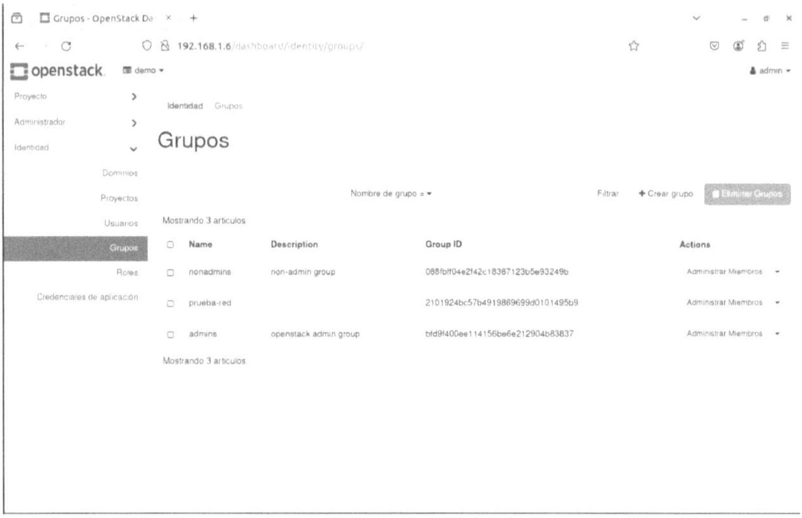

Figura 29 Relación de grupos

Por último, se creará un usuario, el cual para hacerlo se requerirá de dirigirse a la funcionalidad de *"Usuarios"* en el campo de *"Instancias"*

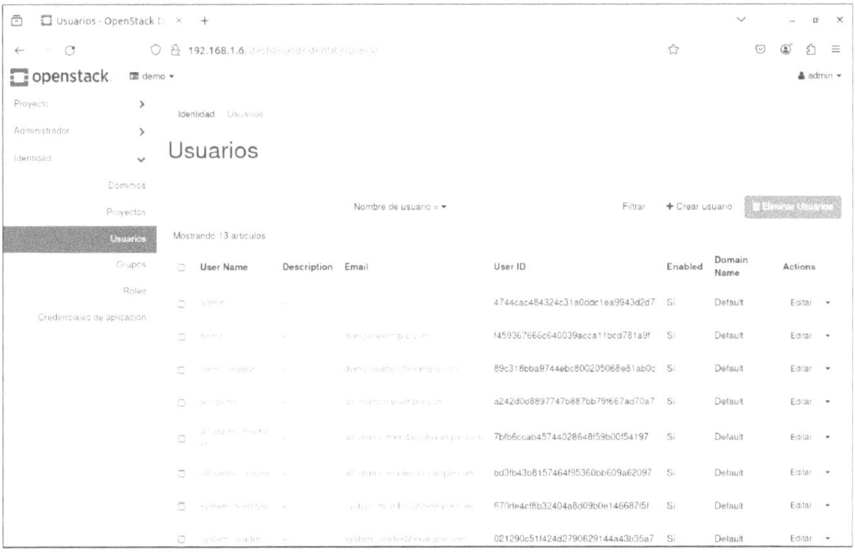

Figura 30 Vista de usuarios

Para crear el usuario será necesario dirigirse al botón de *"Crear usuario"*, este al igual que el resto también desplegará una ventana:

Figura 31 Crear usuarios

En este apartado se podrá crear un usuario nuevo en OpenStack, diferente a los que vienen por defecto, a lo cual se podrán acceder a ellos y a su vez también tener la posibilidad de brindar los permisos necesarios o que se crean convenientes para cada uno de ellos, en esta ocasión se rellenará el campo de *"Usuario"*, este campo es el que le asigna el nombre a dicho usuario y se colocara *"usu-prueba"*, y el resto con información genérica, por último se asigna el rol y el proyecto al cual será asignado.

Figura 32 Información de usuarios

Habiendo creado el usuario, se podrá ver en el apartado de la funcionalidad *"Usuarios"*

Figura 33 Detalle de usuarios

Pruebas de usuarios en OpenStack.Después de crear un proyecto en donde se asigna todos los valores correspondientes y posteriormente se crea un usuario al cual se le asigna el proyecto, es necesario validar si dicho usuario fue creado satisfactoriamente, para esto es necesario iniciar sesión en OpenStack con él y esperar que valide su acceso, se sabrá que es así cuando haga una redirección al Dashboard general como vemos a continuación:

Figura 34 Vista general

Como se puede observar, el usuario fue validado sin inconvenientes, ahora se procede a salir de él y se retorna al usuario administrador, en donde hay que dirigirse al campo de *"Proyecto"* y en dicho campo, se desplegará un menú de funcionalidades, las cuales son: *"Computación", "Volúmenes"* y *"Red"*, cada una de estas funcionalidades también cuenta con sus propias funcionalidades, en este caso es necesario irse a *"Computación"* y dentro de este apartado, se entrará al que tiene por nombre *"Pares de claves"*.

Figura 35 Pares de claves

Dentro del apartado de *"Pares de Claves"*, se buscará el botón *"Crear Par de Claves"* y este desplegará una ventana.

Figura 36 Definición de pares de claves

En esta ventana se crearán el par de claves necesarias por medio de un nombre que se les será asignado, en este caso tendrán como nombre *"clav-prueba"* y se asignará como una *"clave SSH"*, la cual después de crearse se podrá ver en el apartado de *"Pares de Claves"*.

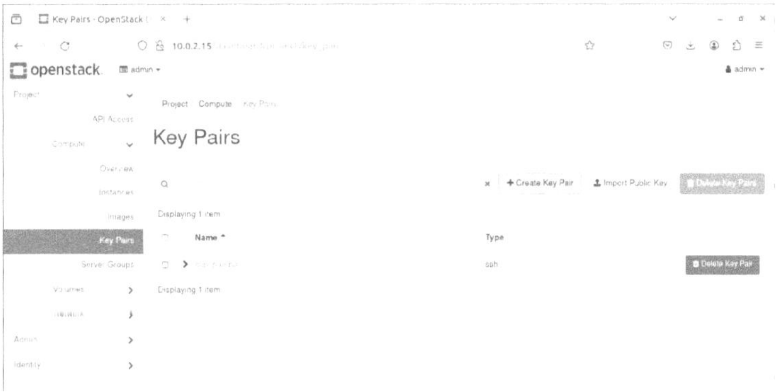

Figura 37 Configuración pares de claves

Cabe destacar que la clave creada no solo se muestra en el apartado, sino que también se baja un archivo el cual se puede visualizar desde consola, pero esto es algo que no es necesario abarcar.

Dentro del proyecto, se permite también crear grupos de seguridad y para hacer esto simplemente es necesario dirigirse a la funcionalidad de *"Red"* y ahí dentro seleccionar *"Grupos de Seguridad"*, este hará una redirección al apartado de la utilidad

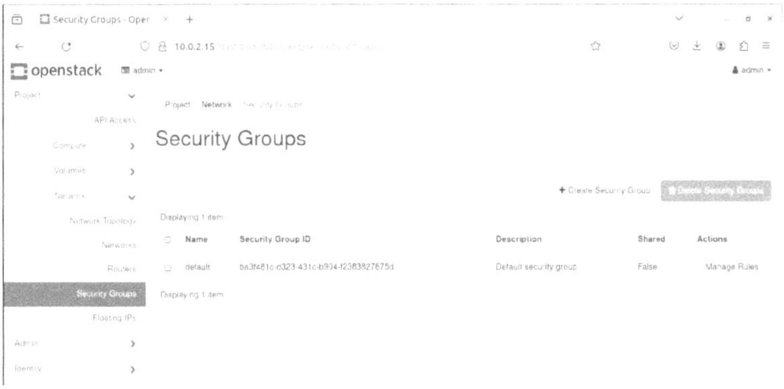

Figura 38a Seguridad de grupos

Dentro del apartado, se procede a darle en el botón *"Crear Grupo de Seguridad"* y este desplegará una ventana.

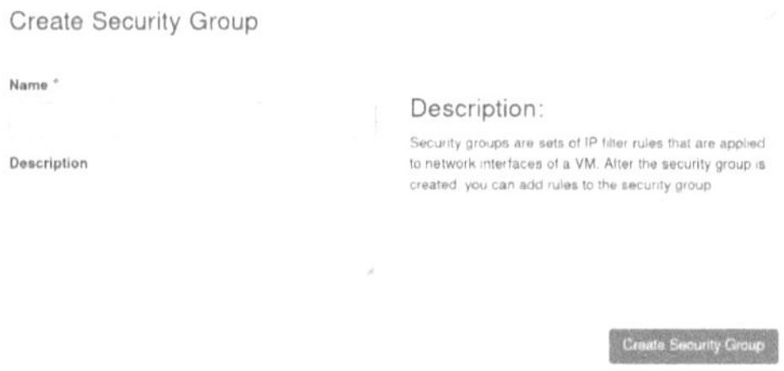

Figura 38b Crear seguridad de grupos

Aquí dentro se puede asignar un nombre al grupo, en esta ocasión como se estará usando una conexión SSH, se llamará a dicho grupo *"ssh-allow"* y se procede a crear, de esta forma se verá en el apartado el nuevo grupo creado.

Figura 39 Definición de de roles

Estos grupos al crearse necesitan asignarse los parámetros que queremos que tengan para funcionar de acuerdo a nuestra necesidad, para eso se requiere que estos sean configurados y para hacerlo es necesario agregarle ciertas reglas que tomarán como parámetros para definir el tráfico permitido a las instancias que estén asociadas a un grupo creado, para esto en el apartado que se abrió al crear el grupo de seguridad, se presionara el botón *"Agregar regla"* y este nos desplegara la siguiente ventana:

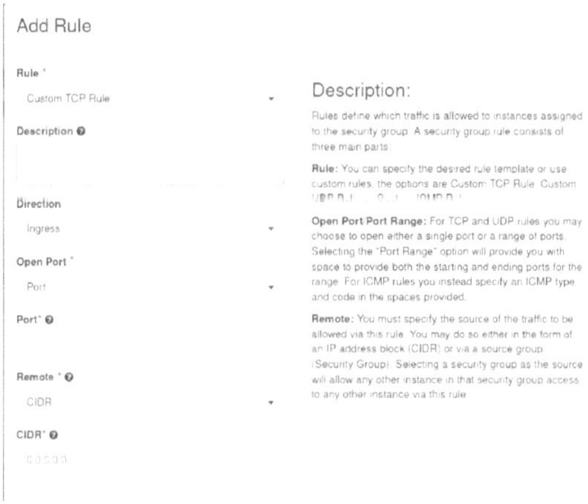

Figura 40 Definición de reglas

Aquí dentro se asigna la regla *"SSH"* y una descripción si se desea, para terminar con el botón *"Agregar"* y esto nos colocará la nueva regla dentro del apartado el grupo de seguridad creado.

Figura 41 Listado de reglas

4.2.2. **Configuración de Instancias**

Para empezar la configuración de Instancias, es necesario primero acceder al campo *"Proyecto"*, luego será necesario acceder a la funcionalidad de *"Computación"* y por último dentro de esta funcionalidad se elegirá el apartado de *"Imágenes"*, con esto se abrirá dicho apartado como se puede observar:

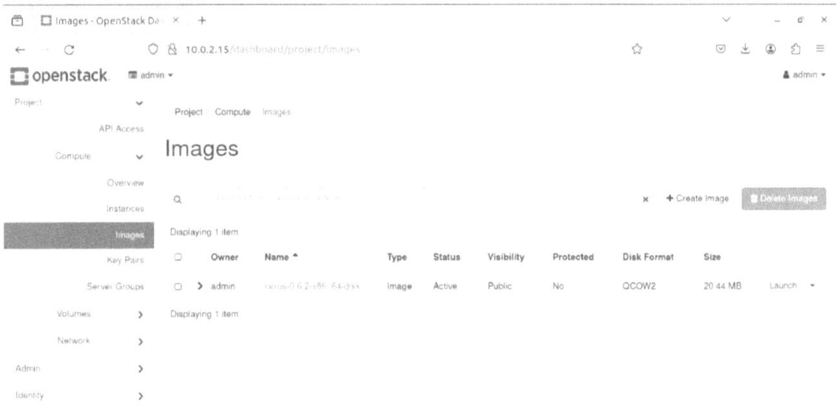

Figura 42 Configuración de instancias

Una vez dentro del apartado, se podrán crear las imágenes que servirán de ayuda para crear las instancias para posteriormente hacer su configuración, normalmente OpenStack tiene ya una instancia ya creada por defecto, que en caso de que no llegue a aparecer, simplemente se espera un tiempo determinado en el apartado y esta se visualizará después.

Ahora, para crear una imagen es necesario dirigirse al botón dentro del apartado que tiene por nombre *"Crear Imagen"* o *"Create Image"*, hay muchas maneras que ofrece para crear la imagen, pero en este caso se usará la imagen que está por defecto es necesario dirigirse al botón que aparece al final de dicha imagen y presionar el botón que tiene por nombre "*Launch*" o "*Iniciar*", esto abrirá una ventana como la que se muestra a continuación:

Figura 43 Creación de instancias

Dentro de este apartado, será necesario llenar los campos que se indican con el signo asterisco "*", esta información puede ser llenada de cualquier forma ya que esto no afecta la manera en que se trabajara con la instancia, en este caso se llenó de la siguiente forma:

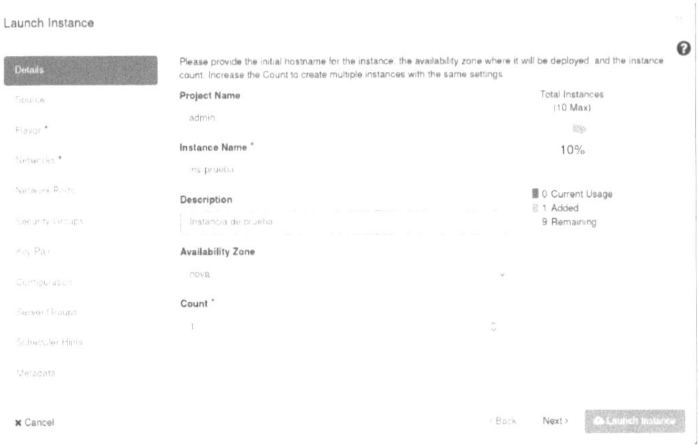

Figura 44 Lanzamiento de instancias

Después se pasará al apartado de *"Source"* y aquí dentro se marcará la opción de *"No"* en el apartado de *"Create New Volume"* o *"Crear Nuevo Volumen"*, como se ve a continuación:

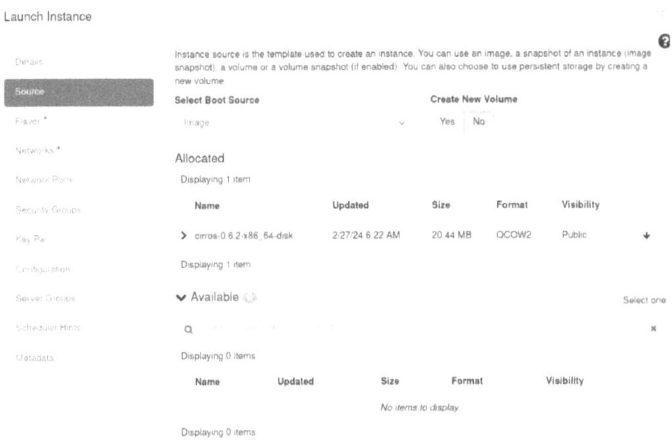

Figura 45 Configuración del lanzamiento de instancias

Después es necesario dirigirse al apartado de *"Flavor"* o *"Sabor"* y se mostrara lo siguiente:

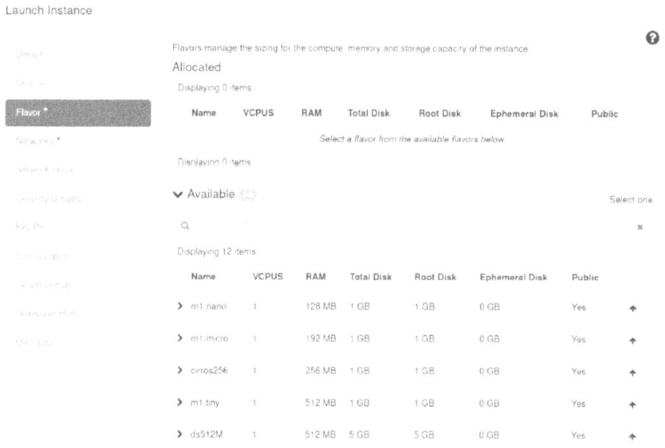

Figura 46 Listado de instancias

Como se puede observar se muestra un listado de *"Flavors"*, el cual cada uno tiene sus propios componentes en específicos, en este caso se seleccionará el primer flavor pulsando el botón que marca una flecha hacia arriba, esto ocasionará que dicho flavor asignado aparezca en el apartado de arriba como se muestra a continuación:

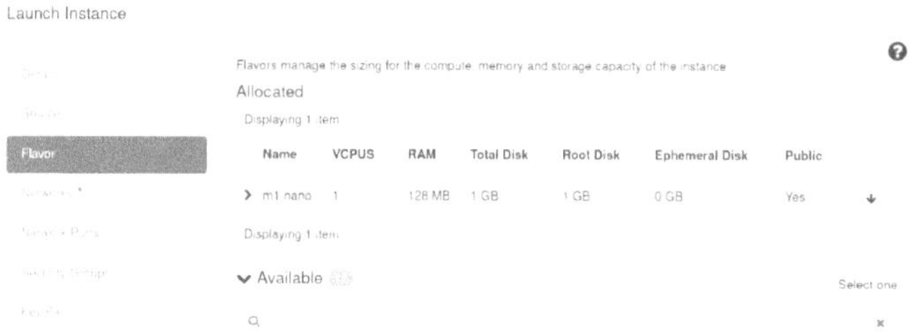

Figura 47 Flavors

Después de esto, será necesario dirigirse al apartado de *"Networks"* o *"Redes"* y se abrirá el siguiente apartado:

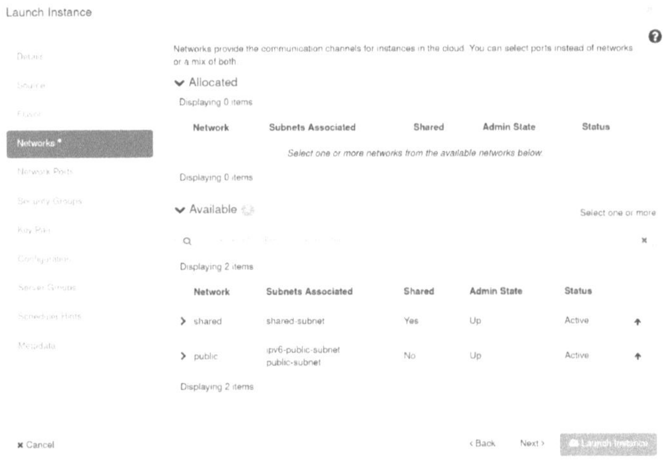

Figura 48 Definición de redes

Como se puede observar, aparece un listado al igual que en el apartado de *"Flavor"* y de la misma forma, es necesario elegir una red con la que trabajará la instancia, para este caso se elegirá la primera y de la misma forma se moverá al apartado de arriba como se puede observar:

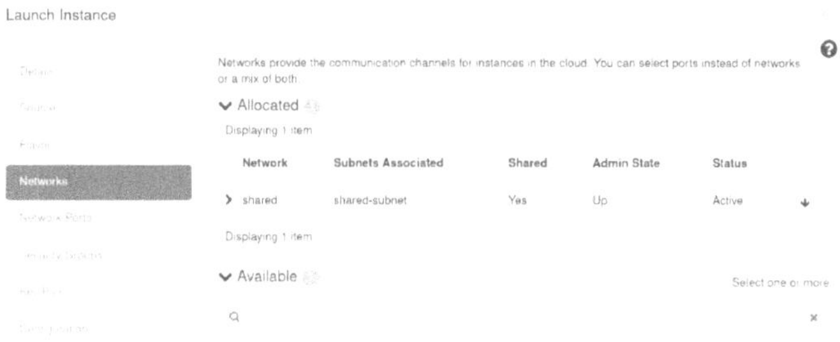

Figura 49 Definición de redes y flavor

Ahora, será necesario dirigirse al apartado de *"Security Groups"* o *"Grupos de Seguridad"* y después de esto se mostrará la siguiente sección:

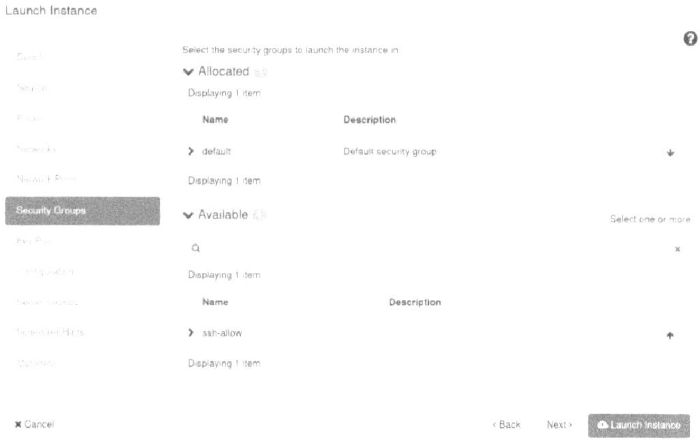

Figura 50 Grupos de seguridad

En este apartado de aquí, se puede ver que existe un grupo de seguridad anteriormente creada, en algunas ocasiones esta puede aparecer en la parte de arriba, lo cual no es necesario de que sea así, por lo tanto, se deja igual.

Posterior a esto, se pasa al siguiente apartado el cual es *"Key Pair"* o *"Par de Claves"*, nos mostrará lo siguiente:

Figura 51 Configuración de pares de claves

De la misma forma que en el apartado anterior, aquí se puede ver que aparece una red la cual fue creada anteriormente y la cual ya aparece asignada, de manera que permite que no sea necesario manipular este apartado.

Por último, se presiona el botón que tiene por nombre *"Launch Instance"* o *"Ejecutar Instancia"* y con esto inmediatamente se creará la instancia con los valores asignados. Ahora para validar que de verdad fue creada correctamente la instancia, es necesario dirigirse al apartado de *"Instances"* o *"Instancia"* ubicado en la funcionalidad de *"Compute"* o *"Computación"*, una vez en el apartado tiene que aparecernos lo siguiente:

Figura 52 Vista de instancias

Como se puede observar, la instancia fue creada satisfactoriamente y se encuentra activada.

4.2.3. **Configuración de Redes.**

Para configurar los servicios de redes de OpenStack, es necesario dirigirse al campo de *"Proyect"* o *"Proyecto"* y seleccionar la funcionalidad de *"Network"* o *"Red"*, posteriormente se desplegarán ciertas utilidades que se encuentran alojadas dentro de la funcionalidad de *"Network"*, ahí se encontrará la utilidad *"Network Topology"* o *"Topología de Red"*, se selecciona esta utilidad y redireccionará al siguiente apartado:

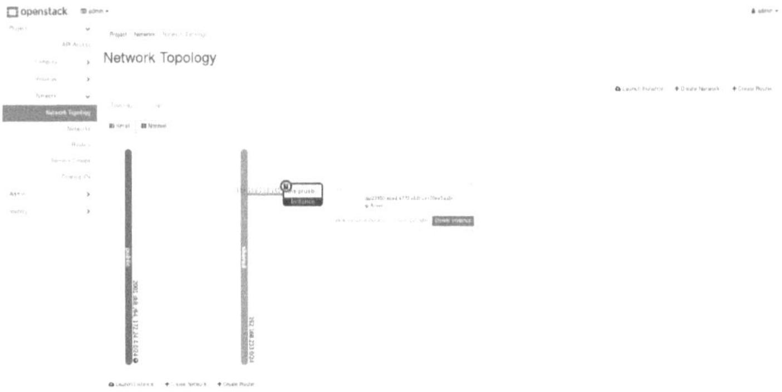

Figura 53 Configuración de topologías

Como se puede observar en dicho apartado, se pueden encontrar ciertas columnas que representan las redes que se tienen, además de las instancias que fueron creadas, pero esto no se limita únicamente a las que vienen por defectos. Para esto es necesario dirigirse al botón que tiene por nombre *"Create Network"* o *"Crear red"* el cual desplegará la siguiente ventana:

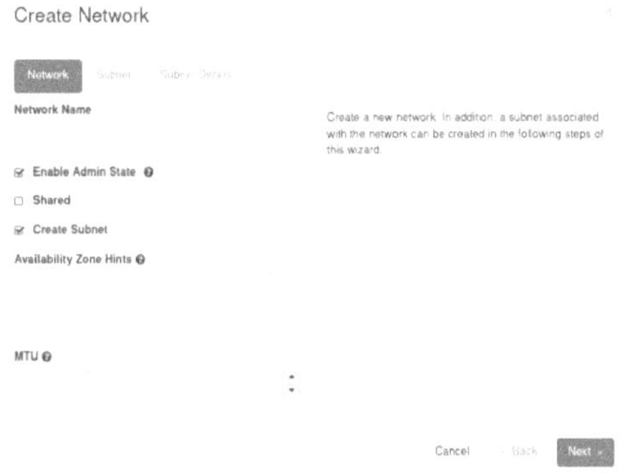

Figura 54 Creación de la red

Ahora, para crear esta nueva red, es necesario suministrar el nombre, este puede ser un nombre a elección, como se ve a continuación:

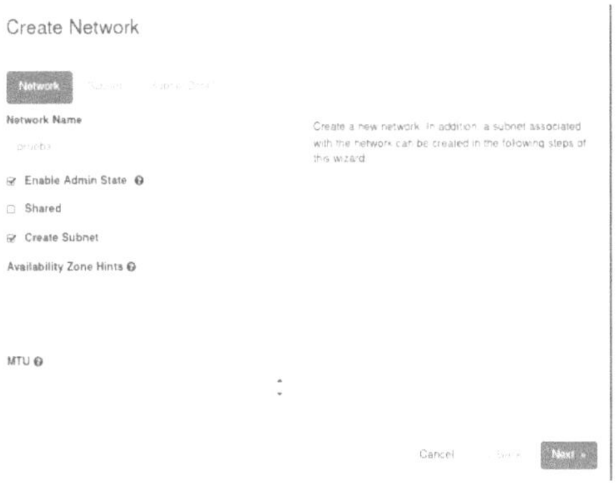

Figura 55 Configuración red

Ahora, se presionará el botón de *"Next"* o *"Siguiente"* y nos llevará al apartado de *"Subnet"* o *"Subred"*, el cual mostrará lo siguiente:

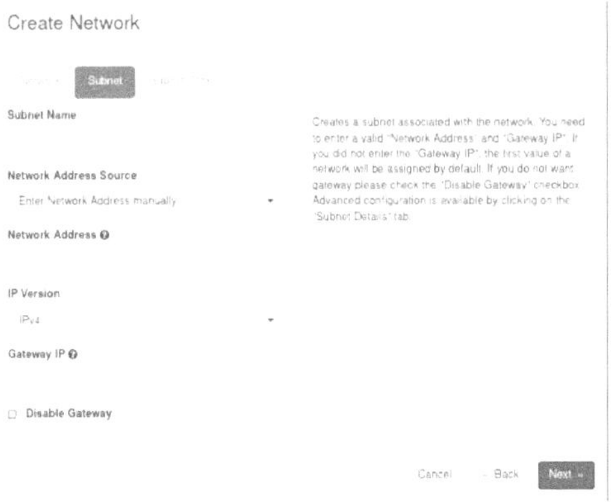

Figura 56 Configuración de la red

De la misma forma que la anterior, se rellenaran los campos necesarios y posterior a esto se le dará *"Siguiente"* o *"Next"* y en *"Create" o "Crear Red"*, esto hará que inmediatamente aparezca la nueva red creada como se puede ver a continuación:

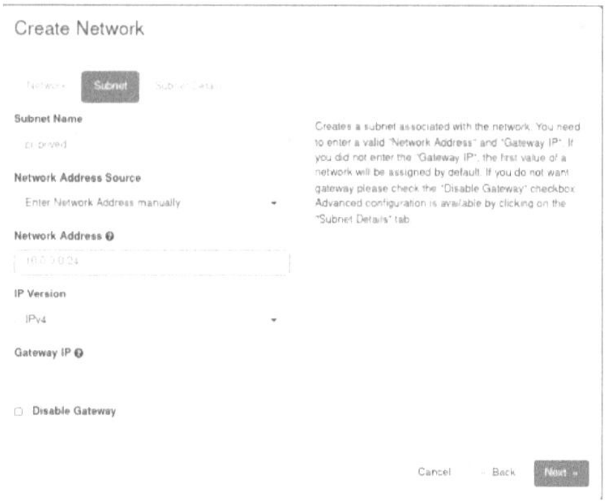

Figura 57 Configuración de la red y tipos de ip

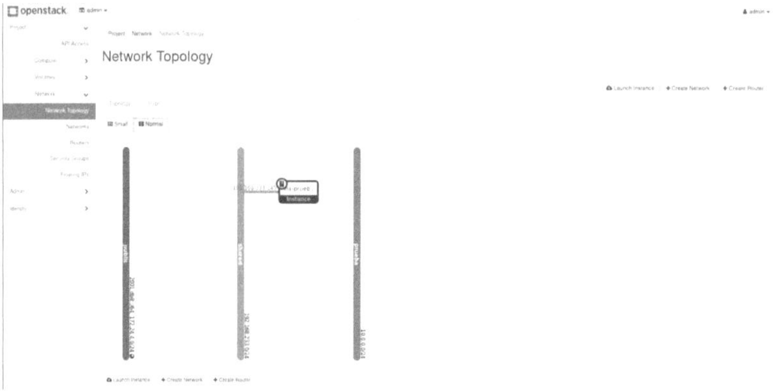

Figura 58 Vista de la topología

4.2.4. **Configuración de Router.**

Para esta configuración, se seguirá interactuando con los componentes de las topologías de red, anteriormente se observaba cómo se creaba una nueva red, ahora se verá cómo además de una nueva red, se puede crear un router, para esto en el mismo apartado se seleccionará el botón de *"Crear router"* o *"Create router"*, esto desplegará la siguiente ventana:

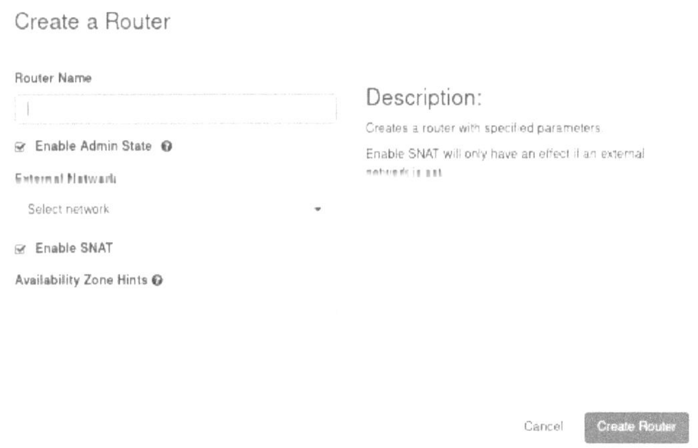

Figura 59 Configuración del router

Como se puede observar se piden unos datos el cual es el nombre a asignar al router y el tipo de red, el cual se puede seleccionar a gusto, pero en esta ocasión se seguirá bajo la misma línea de pruebas, quedando de la siguiente manera:

Figura 60 Configuración del router

Por último, se le dará en *"Create Router"* o *"Crear Router"* y se creará el router en la red seleccionada como se muestra a continuación:

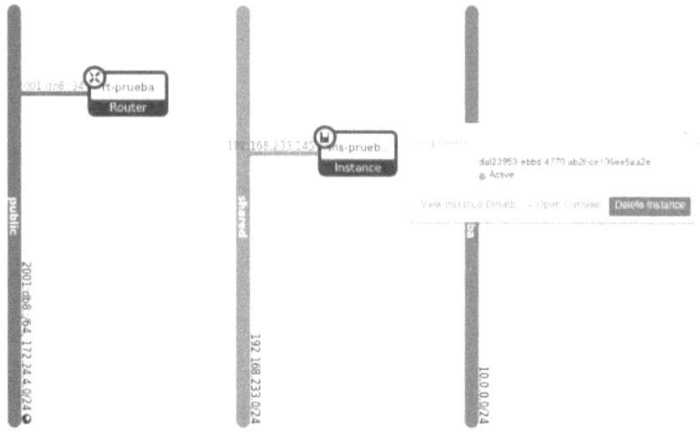

Figura 61 Vista topología

4.2.5. **Configuración de puertos.**

Esta configuración es una continuación de la anterior, pero a la vez hace parte de una configuración diferente, a lo cual es necesario retomar desde el anterior, lo cual fue la creación del router *"rt-prueba",* en donde lo seleccionaremos como se puede ver a continuación:

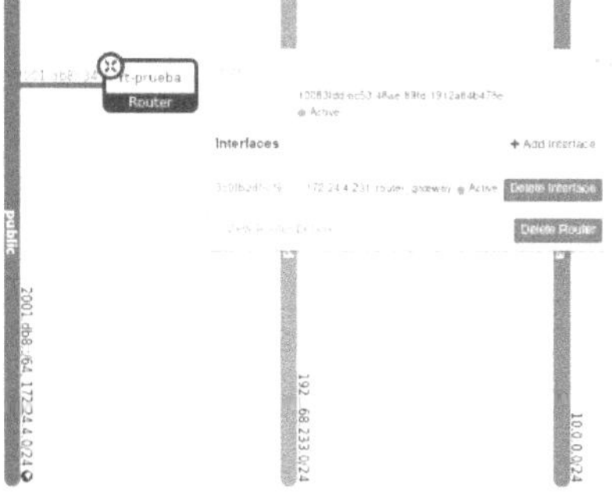

Figura 62 Configuración de puertos

Una vez seleccionado el router, es necesario darle en el botón que tiene por nombre *"Add interface"* o *"Añadir interfaz"*, después de esto se nos desplegará la siguiente ventana:

Figura 63 Definición de interfaces

Dentro de esta ventana seleccionaremos la subred creada anteriormente como se puede ver a continuación:

Figura 64 Adición de interfaces

Posteriormente a esto, se le dará en *"Enviar"* o *"Submit"* y este inmediatamente redireccionará al apartado de *"Routers"*, en donde se podrá ver toda la información de él router creado, como se ve a continuación:

Figura 65 Vista de configuración de interfaces

Con esto se habrá terminado de configurar todo lo referente a la creación de routers.

4.2.6. **Configuración de IP flotantes.**

Para la configuración de IP flotantes, es necesario tener en cuenta un par de precauciones, dado que puede ocurrir problemas a la hora de configurar estas IP, será necesario crear una nueva instancia para que no ocurra ningún percance durante la explicación, anteriormente se explicó cómo crear estas instancias, pero dado que algunos valores tienen que ser modificados se mostrará a continuación con los valores necesarios.

Figura 66a Configuración de ip flotantes

Dentro del apartado de instancias será necesario presionar el botón de *"Launch Instance"* o *"Iniciar Instancia"* y posterior a esto, colocar los siguientes valores a excepción del nombre que este puede ser cualquiera.

Figura 66b Detalles de configuración de ip flotantes

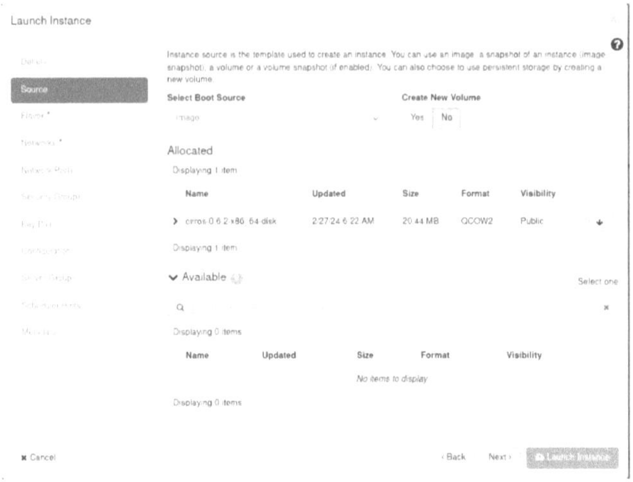

Figura 67 Configuración de ip flotantes

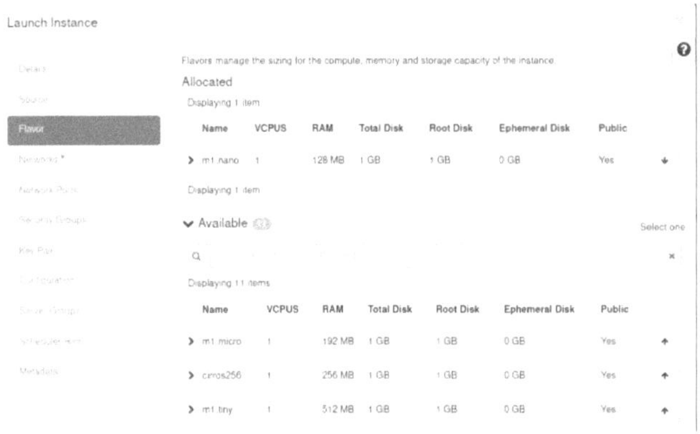

Figura 68 Vista de flavor

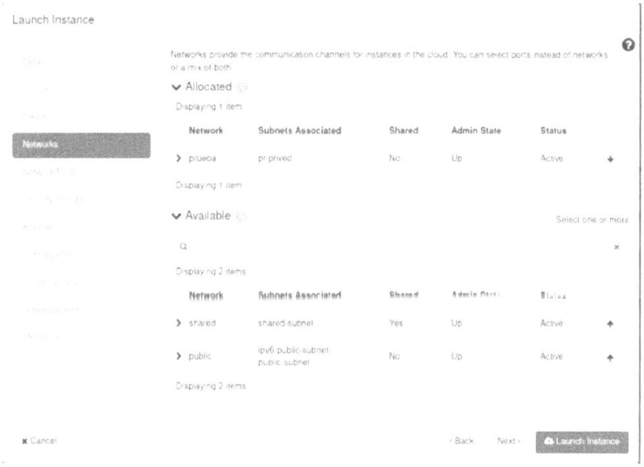

Figura 69 Vista de red

Luego de hacer todos estos pasos, se pulsará el botón de *"Launch Instance"* o *"Ejecutar Instancia"* y se dará un tiempo a que se cargue correctamente la instancia creada y quede como se muestra a continuación:

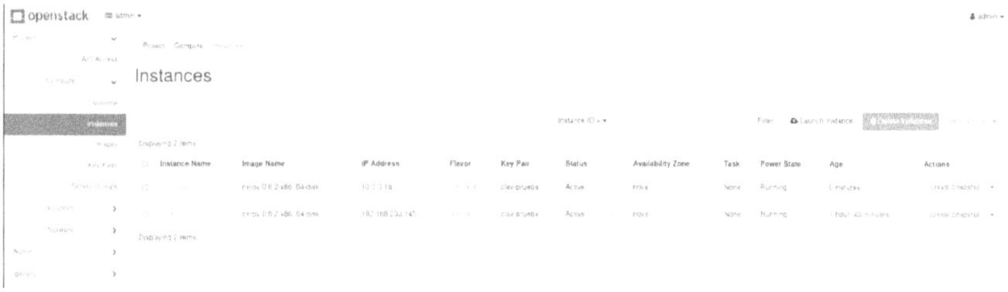

Figura 70 Vista de instancias

En la instancia creada, será necesario dirigirse al botón que tiene por nombre *"Crear Instantánea"* o *"Create Snapshot"* y se pulsará el botón que tiene a su lado el cual tiene una flecha, posterior a esto, se desplegara un menú como se ve a continuación:

Figura 71 Crear instancias

Dentro de este menú se elegirá la opción que tiene por nombre *"Asociar IP flotante"* o *"Associate Floating IP"* y se desplegará la siguiente ventana:

Figura 72 Gestión de ip flotantes

Ahora, en la opción de *"Dirección IP"* o *"IP Address"* se seleccionará el botón de *"+"* y esto los enviará a la siguiente ventana:

Figura 73 Descripción de de ip flotantes

En este apartado se deja todo como está, aunque puede haber ocasiones en que la sección de *"Pool"* tenga otro nombre, en este caso se cambia el nombre que pueda tener el pool en ese instante por el de *"public"* y luego se le dará en *"Allocate IP"* o *"Asignar IP"* y nos devolverá a la ventana anterior, pero configurándose el *"IP Address"* o *"Dirección IP"*, como se puede ver a continuación:

Figura 74 Asociación de ip flotantes

Por último, se presionará el botón de *"Associate"* o *"Asociar"* y se configura la IP flotante para dicha instancia como podemos ver a continuación:

Figura 75 Vista de asociación de ip flotantes

Con esto se da por finalizado la configuración de las utilidades que ofrece OpenStack a través de su entorno visual, como se observó en el transcurso del paso a paso, el servicio de OpenStack brinda muchas funcionalidades que pueden servir para el gestionamiento de redes de manera eficiente y adaptativa ya que esta tiene múltiples funciones con el objetivo de que el usuario pueda elegir la más adecuada para su caso y de esta manera trabajar en un entorno amigable para él.

REFERENCIAS.

Bedin França, B., Dantas, V. L. L., Nogueira, J. M. S., & Gomes, R. C. (2017). An automated and dynamic configuration approach for virtual machines management in cloud environments. Journal of Internet Services and Applications, 8(1), 8. 00000

Bergin Jr, T. J., & Gibson Jr, R. G. (Eds.). (1996). History of programming languages---II. ACM.

Berresford, A., Thompson, W., & Cushing, J. M. (1944). The virtual machine: A biological analogue of the theoretical model in population genetics. Journal of Genetics, 46(2), 175-182. https://doi.org/10.1007/BF02989069

Crosby, S., & Brown, D. (2007). The virtualization reality. ACM Queue, 5(5), 28-36.

Crosby, S., & Brown, D. (2007). The virtualization reality. ACM Queue, 5(5), 34-41. https://doi.org/10.1145/1255421.1255441

Davis, K. (2020). Building OpenStack clouds. O'Reilly Media.

Feamster, N., Rexford, J., & Zegura, E. (2014). The Road to SDN: An Intellectual History of Programmable Networks. ACM SIGCOMM Computer Communication Review, 44(2), 87-98.

Goldberg, R. P. (1974). Survey of virtual machine research. Computer, 7(6), 34-45.

Goldberg, R. P. (1974). Survey of virtual machine research. Computer, 7(6), 34-45. https://doi.org/10.1109/C-M.1974.622345

Hu, H., Wendong, W., Gong, X., Que, X., & Shiduan, C. (2014). Reliability-aware controller placement for Software-Defined Networks. In Integrated Network Management (IM), 2013 IFIP/IEEE International Symposium on (pp. 672-675). IEEE.

Jiang, J., & Zhou, Y. (2013). The advancement in virtualization of network environment. In Information Technology and Applications, International Forum on (pp. 60-63). IEEE.

Jiang, J., & Zhou, Y. (2013). Virtual machine power measuring technique. Journal of Networks, 8(3), 542-545. https://doi.org/10.4304/jnw.8.3.542-545

Jones, A. (2022). Architecting OpenStack cloud environments. O'Reilly Media.

Jones, A. (2022). Redes definidas por software: fundamentos y aplicaciones. Editorial UOC.

Miller, S. (2019). Deploying OpenStack. Addison-Wesley Professional.

Nadeau, T. D., & Gray, K. (2013). SDN: Software Defined Networks: An Authoritative Review of Network Programmability Technologies. Sebastopol, CA: O'Reilly Media.

Smith, J. (2020). Open source cloud technologies. Springer Nature.

Smith, J. (2020). Virtualización y centros de datos definidos por software. RA-MA Editorial.

Wang, H., Dong, J., Chen, Y., & Tian, C. (2008). An overview of virtual machine placement schemes in cloud computing. Frontiers of Computer Science, 12(1), 2-10. https://doi.org/10.1007/s11704-015-3959-3

Wang, Z., Du, Z., Paya, A., Yang, Y., & Cui, L. (2008). Process mapping and simulation of large-scale virtualized datacenters. In Parallel Processing, International Conference On (pp. 11-18). IEEE.

Wexelblat, R. L. (Ed.). (2014). History of programming languages. Academic Press.

Williams, R. (2018). OpenStack operations guide. The Pragmatic Programmers.

Williams, R. (2021). Redes, virtualización y cloud computing. En J. Smith (Ed.), Manual de tecnologías de redes (pp. 205-230). Alfaomega.

FSC
www.fsc.org
MIX
Papier | Fördert gute Waldnutzung
FSC® C083411

Kolibri 360 GmbH
Ferdinand-Jühlke-Straße 7
99095 Erfurt, Deutschland
produktsicherheit@kolibri360.de

Druck:
CPI Druckdienstleistungen GmbH
im Auftrag der
Kolibri 360 GmbH
Ferdinand-Jühlke-Str. 7
99095 Erfurt